Tomate

Tatiana Y. Silla

Mit Illustrationen von
Linda Wolfsgruber

mandelbaums *kleine gourmandisen*
N° 43

Die *kleinen gourmandisen* werden herausgegeben von Michael Baiculescu und Margot Fischer

9 783854 769392

www.mandelbaum.at
www.mandelbaum.de
ISBN 978-3-85476-939-2

2. Auflage 2024
Lektorat: Inge Fasan
Satz und Umschlaggestaltung: Michael Baiculescu
Illustrationen: Linda Wolfsgruber
Druck: Interpress, Budapest

EIN KONZENTRAT AUS ERINNERUNGEN

Meine Leidenschaft für Tomaten hat sich, wie jene für Basilikum, von meiner palermitanischen Familie auf mich übertragen, auch wenn ich die roten Früchte als Kind seltsamerweise in ungekochtem Zustand nicht mochte. Die wahren, bisweilen auch ausgeschmückten Geschichten und die verblassten Familienfotos aus einer lang vor meiner Geburt liegenden Zeit gaben mir immer ein Gefühl der Verbundenheit mit diesem »Import« aus der Neuen Welt. Zahlreich sind die vom Duft der Tomate erfüllten Anekdoten, die mir an heißen Sommernachmittagen in Verbindung mit Rezepten und Traditionen erzählt wurden. Am liebsten waren mir die Erzählungen über meine sizilianische Urgroßmutter, welche Tomatenmark – im Dialekt *u strattu* genannt – noch auf traditionelle Art herstellte. In einer Zeit, als die Möglichkeiten der Konservierung von Lebensmitteln limitiert waren, erlaubte es diese Praxis vielen Generationen, den sommerlichen Geschmack der Tomaten in Gefäße einzuschließen, um das ganze Jahr darüber zu verfügen. *U strattu* wurde in Landhäusern, aber auch im Erdgeschoß verwinkelter städtischer Gassen oder auf Balkonen hergestellt, woran die ganze Familie und oft auch Leute aus der Nachbarschaft beteiligt waren. Sie halfen gerne mit, um ihrerseits auf nachbarschaftliche Hilfe zählen zu können. Ein Teil der fertigen dicken Sauce, zu der die Tomaten eingekocht wurden, wurde nicht abgefüllt, sondern zu Tomatenmark weiterverarbeitet. Dazu verteilte man sie entweder auf *maidde* genannten Holzbrettern oder auf *fanguotti*, Tellern aus glasierter Terracotta, um sie, durch ein Gitter vor Insekten geschützt, drei Tage an der Sonne trocknen zu lassen. Über Nacht stellte man sie ins Haus.

Was mich damals in seiner Bildhaftigkeit am meisten beeindruckte, war das sogenannte *arriminare*: Frauen und Kinder rührten mehrmals am Tag mit den Händen oder einem Holzlöffel die Sauce zwecks gleichmäßiger Trocknung um – und versäumten dabei nicht die Gelegenheit, etwas davon zu naschen. Wenn sie sich anschließend die Finger leckten, bekam meist auch die Kleidung ihren Teil davon ab. Wenn die Masse gut getrocknet war, wurde sie unter Beigabe von etwas Basilikum in kleine Behältnisse abgefüllt und mit einer Schicht Öl bedeckt.

Auch jene Überlieferungen von Zubereitungen, bei denen wir nicht zugegen waren, haben ihren Duft. Meine riechen nach Tomaten und Basilikum. Mit diesem Büchlein hoffe ich, etwas davon zu Ihnen hinüberwehen zu lassen – und die Neugier auf ein mittlerweile derart omnipräsentes Fruchtgemüse zu wecken, dass wir manchmal seine Besonderheiten vergessen.

BOTANIK UND URSPRUNG

Die Tomate *(Solanum lycopersicum)* ist eine Pflanzenart aus der Familie der Nachtschattengewächse *(Solanaceae).* Im Laufe der Jahrhunderte haben Botaniker die Unterscheidung zwischen der Gattung *Solanum* und der Gattung *Lycopersicon* anhand der Morphologie der männlichen Geschlechtsorgane der Blüte *(Androeceum)* getroffen. Die frühen Botaniker ordneten die Tomate der Gattung *Solanum* zu und nannten die Pflanze *Solanum pomiferum*. Im Jahr 1694 ordnete Joseph Pitton de Tournefort die Tomate einer eigenen Gattung zu: *Lycopersicon*. Carl von Linné klassifizierte die Tomaten 1753 hingegen wieder in die Gattung *Solanum (Solanum lycopersicum L.)* und er unterschied sie damit von der Wildart *S. peruvianum L.* Es war aber der in Schottland geborene Botaniker Philip Miller, der die Gattung *Lycopersicon* 1754 erstmals beschrieb und die Arten *Lycopersicon esculentum* (die kultivierte Tomate), *L. peruvianum* und *L. pimpinellifolium* einschloss. Die von Miller vorgeschlagene Klassifizierung wurde von den meisten Botanikern akzeptiert und blieb bis zum Ende des 20. Jahrhunderts gültig. Erst in den letzten 20 Jahren haben Spezialisten nach molekularbiologischen Studien der *Solanaceae*-Familie die Grundlage der Klassifikation von Linné wieder aufgegriffen und die Tomate und ihre verwandten Arten neuerlich der Gattung *Solanum* zugeordnet.

Die Tomate ist eine einjährige krautige Pflanze, die 0,5 bis 2 Meter hoch wird. Ihre gelben Blüten besitzen sowohl weibliche als auch männliche Pflanzenbestandteile und können sich somit selbst befruchten. Unter botanischem Gesichtspunkt werden Nachtschattengewächse wie Tomaten, aber auch Zucchini und Kürbisse, als Früchte oder, genauer, als Beeren betrachtet, weil sie aus befruchteten Blüten hervorgehen. Da die Pflanze nur einjährig kultiviert wird und die Lebensmitteldefinition sich auf den Vegetationszyklus der Pflanzen bezieht, zählen sie aber auch zum Gemüse.

Hinsichtlich der Herkunft und Domestizierung dieser Pflanze gibt es unter den Wissenschaftlern zwei Hypothesen: Auf der einen Seite gibt es die Befürworter des mexikanischen Ursprungs der Tomate, auf der anderen Seite diejenigen, die Peru als ihre Heimat ansehen. Da es aber nur wenige botanische Funde von Samen gibt und der Nachweis, dass die in Mexiko und Peru kultivierten Sorten tatsächlich einheimischen Ursprungs sind, nicht eindeutig zu erbringen ist, wurde die Frage von der Forschung noch nicht zufriedenstellend beantwortet. Jedenfalls scheint die Tomate in Mexiko von den Maya domestiziert und anschließend im Süden des Landes von den Azteken adaptiert und angebaut worden zu sein.

ETYMOLOGIE

Verantwortlich für die Bezeichnung »Tomate«, die mit der Ankunft der Samen aus Mexiko in Spanien ins Castellano Eingang fand, ist ein Missverständnis seitens der spanischen Konquistadoren. Das dem Nahuatl entstammende *tomatl* ist in Wirklichkeit nämlich ein Suffix, das je nach Kombination mit einem Präfix eine andere Pflanze bezeichnet. Die Tomate wurde auf Nahuatl mit *xi-tomatl* bezeichnet, doch die Spanier übernahmen nur das Suffix. Das Französische und das Deutsche verwenden dasselbe Wort und in vielen anderen Sprachen findet es sich in leicht veränderter Schreibung, wie etwa *tomato* im Englischen, *tomàquet* auf Katalan, *tomatea* im Baskischen, *tomat* im Dänischen und Schwedischen, *tomātu* auf Lettisch, *tomaatti* im Finnischen, *tómatur* im Isländischen, *ντομάτα* auf Griechisch, *tōmato* auf Maori und *tomat* auf Indonesisch.

Die Tomate war zuvor aber lange Zeit Gold-, Liebes- oder Paradiesapfel genannt worden – erst im 19. Jahrhundert verbreitete sich ihr heute gebräuchlicher Name. Die ursprüngliche Bezeichnung geht auf den Arzt und Botaniker Pietro Andrea Mattioli zurück und bezieht sich auf die Farbe – die ersten Sorten aus Übersee waren vorwiegend gelb. In seinem Kommentar zu den Schriften des Dioskurides (1544) bezeichnet er die Frucht als *pomo d'oro*, was im Italienischen zu *pomodoro* wurde und im Deutschen in wörtlicher Übersetzung zu Goldapfel. Einer vermeintlich aphrodisierenden Wirkung wegen – oder weil es bei bestimmten Sorten Formen gibt, die männliche oder weibliche Geschlechtsteile evozieren – wurde die Tomate in einigen europäischen Sprachen auch Liebesapfel *(pomo d'amore, pomme d'amour, love apple)* genannt. Im Deutschen verwandelte ihn wahrscheinlich die Assoziation mit der Frucht des Gartens Eden in den Paradiesapfel, der in einigen Teilen Österreichs zu Paradeiser wurde, eine Bezeichnung, die immer noch verbreitet ist und auch auf südöstliche Nachbarn Einfluss hatte. So findet sich im Ungarischen das Wort *paradicsom*, im Slowenischen *paradižnik* und im Serbischen *paradajz*.

EIN HISTORISCHER SPAZIERGANG

Die Samen der Tomate gelangten in der ersten Hälfte des 16. Jahrhunderts durch Missionare und Kolonisatoren von Mexiko nach Spanien. Lange Zeit wurde die Tomate ausschließlich als Zierpflanze angesehen, da man sie auf Grund morphologischer Ähnlichkeiten mit anderen Giftpflanzen aus der Familie der Nachtschattengewächse in Verbindung brachte.

Einer der Ersten, der sich in Spanien für die Früchte interessierte, der Arzt und Botaniker Nicolàs Monardes Alfaro, stellte in seinem Traktat *Historia medicinal de las cosas que se traen de nuestras Indias Occidentales que sirven en Medicina* (1565–1574) zwar die Essbarkeit derselben in Abrede, dennoch zog er mögliche heilsame pharmakologische Wirkungen vorsichtig in Erwägung. Die ersten Überlieferungen über den Gebrauch der Tomate in ihrer Urheimat sind in der *Historia general de las cosas de la Nueva España* von Bernardino de Sahagún enthalten, der lange Zeit in Mexiko lebte, wobei allerdings sein 1569 fertiggestelltes Werk auf Grund eines Veröffentlichungsverbots erst viel später zur Publikation gelangte. Dank dieses Franziskanerpaters wissen wir, dass auf dem Markt von Tenochtitlan, der Hauptstadt des Reichs von Montezuma, verschiedene Sorten verkauft wurden, aus denen die Nahua-Frauen eine Sauce mit »Chili, Kürbiskernen, Tomaten, scharfen grünen Pfefferoni und anderen Zutaten« bereiteten, »welche die Saucen sehr schmackhaft machen«.

Nach Italien, wo die Früchte ihre verdiente Popularität erlangen sollten, kommt die Tomate über die spanischen Besitzungen im Süden des Landes. Offiziell erreicht die Tomate Italien am 31. Oktober 1548, als Pedro von Toledo, spanischer Vizekönig von Neapel, seinem Schwiegersohn, dem Großherzog Cosimo de Medici, einen Korb mit gelben Früchten zukommen ließ. In der zweiten Hälfte des 16. und der ersten Hälfte des 17. Jahrhunderts weckte die Tomate hauptsächlich die Aufmerksamkeit von Adeligen auf der Suche nach ausgefallenen Pflanzen – oder das von Botanikern, die am Studium und an der Klassifizierung neuer Arten interessiert waren. 1585 führte der Arzt und Botaniker Castore Durante in seinem *Herbario nuovo* gelbe und rote Sorten an, wobei er empfiehlt, sie »auf dieselbe Art wie Melanzani, mit Pfeffer, Salz und Öl« zu gebrauchen, doch sich des Umstands bewusst zu sein, dass sie »einen geringen oder schlechten Nährwert haben«. Bedeutend sind auch die Illustrationen des Schweizer Arztes Conrad Gessner (1561), bei dem man nachlesen kann, dass die Tomaten in Deutschland »gut wachsen, früh reifen, und dass die Früchte unterschiedliche Farben haben (gold, rot, weiß)«.

Zwar wurde die Tomate in botanischen Abhandlungen des 16. Jahrhunderts – unter vielen Vorbehalten – als essbare Frucht bezeichnet, von ihrem Genuss wurde jedoch abgeraten, weil man sie für ungesund hielt. Es ist deshalb nicht verwunderlich, dass sie in Rezeptbüchern aus der Zeit überhaupt nicht vorkommt. Dies änderte sich ab der zweiten Hälfte des 17. Jahrhunderts, weil die galenische Medizin mit ihrer Lehre von den Körpersäften an Einfluss verlor. Sie hatte vom Gebrauch bestimmter Nahrungsmittel, unter denen sich auch viele Gemüsesorten befanden, abgeraten. Der wissenschaftliche Paradigmenwechsel führte zu einer häufigeren Verwendung von Gemüse, und die Tomate wurde nun, sofern sie gekocht war, nicht mehr als gesundheitsschädlich betrachtet. Ihre erste nennenswerte Präsenz findet sich in der zweiteiligen, 1692 und 1694 in Neapel publizierten Rezeptsammlung *Scalco alla moderna*. Ihr Autor ist Antonio Latini, Koch des spanischen Vizekönigs von Neapel. Darin gibt es ein Rezept für eine Sauce aus Tomaten mit Salz, Öl und Essig als Begleitung zu Gesottenem, an anderer Stelle werden sie zusammen mit Auberginen, Kürbis und Zwiebel gekocht und sind zu guter Letzt Zutat für einen Schmorbraten. Bei allen findet sich der Zusatz »auf spanische Art«.

Im 18. Jahrhundert wurden vor allem in Spanien und Italien verschiedene Sorten angebaut und ihr Gebrauch nahm ständig zu. Zahlreiche Dokumente bezeugen ihre Präsenz in Klosterküchen und Konventen, wo sie in der Fastenzeit als schmackhafter Fleischersatz galten. Langsam fand die Tomate durch Anhänger von Ingredienzen aus der Neuen Welt auch Eingang in die Rezeptbücher der Haute Cuisine. Der Gastronom Vincenzo Corrado führt im *Cuoco galante* (1773) zwölf Rezepte auf der Basis von Tomaten an: Es gibt welche mit Eiern, geschmortem oder gebratenem Fleisch und Fisch, sie sind zu Sauce passiert oder mit Sardellen, Oregano und Knoblauch gefüllt und mit geriebenem Weißbrot bedeckt. Das interessanteste seiner Bücher ist jedoch *Pranzi giornalieri, variati ed imbanditi in 672 vivande secondo i prodotti delle stagioni*, in dem er Gerichte präsentiert, die von der Volksküche inspiriert sind. Hier wird zum ersten Mal in einer Rezeptsammlung ein Verfahren zur Gewinnung von Tomatenextrakt mit dem Hinweis wiedergegeben: »nützlich, um dieses Küchen-Wundermittel auch außerhalb der Saison verwenden zu können«.

Tomatensauce blieb lange Zeit eine Beigabe zu Fleisch oder Fisch, doch ab wann wird sie zur Begleiterin von Pasta? Den ersten schriftlichen Hinweis gibt vermutlich der Neapolitaner Ippolito Cavalcanti, Fürst von Buonvicino. Besonders im Anhang zur zweiten Ausgabe seiner *Cucina teorico-pratica*, die 1839 in Neapel erschien, beschreibt er eine Sauce, die einfach zu allem passt. Und er präzisiert bei den »vermicielli co' le pommodore«, dass dazu sehr viele Früchte von den Samen befreit und mit Salz und Pfeffer im eigenen Saft gekocht werden.

Obwohl die althergebrachte Tradition fortlebt, nach der man in Neapel Pasta vor allem mit verschiedenen Sorten Käse serviert, bürgerte es sich in einem Zeitraum von etwa 30 Jahren ein, sie vorzugsweise mit Tomatensauce zu servieren. Aus einer 1863 von Achille Spatuzzi und Luigi Somma, zwei neapolitanischen Ärzten, durchgeführten Umfrage geht hervor, dass Tomaten »die übliche Beigabe zu Maccheroni sind und dass kein Tag vergeht, an dem sie nicht auf den Tischen des Mittelstands erscheinen«. Doch auch die Pizza, die zuvor ausnahmslos weiß war, beginnt sich rot zu färben. In derselben Umfrage wird denn auch vermerkt, dass »das Volk eine Menge Pizza isst« und dass die fliegenden Händler auf Neapels Straßen »besonders im Sommer« unterschiedlich belegte Pizza »mit Tomaten« verkaufen.

Dank der glücklichen Verbindung der Tomate mit Pasta und Pizza, der Züchtung verschiedener Sorten wie beispielsweise San Marzano und neuer Entwicklungen in der Lebensmittelindustrie, welche es erlauben, das frische Produkt in Dosen zu konservieren, findet die exotische Frucht im 19. Jahrhundert allmählich ihren Weg in die nördlicheren Länder Europas. Auf der Wiener Weltausstellung 1873 hatte man Tomaten noch als »Exoten« ausgestellt. Zu Beginn des neuen Jahrhunderts konnte man sie bereits auf den Wiener Märkten erstehen, doch größere Verbreitung fanden sie in Österreich erst nach dem Ersten Weltkrieg. In Deutschland waren die Früchte um die Jahrhundertwende zwar bekannt, standen breiteren Schichten aber erst nach 1945 zur Verfügung.

In Frankreich wird die Tomate bis Ende des 18. Jahrhunderts nur im Süden verwendet. In Katalogen der französischen Samen- und Handelsgärtnerei Vilmorin in Paris wird die Tomate noch 1760 als Zierpflanze geführt. Dank provenzalischer Revolutionäre, die während der Französischen Revolution Paris erreichten und einiger großer Gastronomen wie Alexandre Balthazar Laurent Grimod de la Reynière, der ein Rezept aus gratinierten Tomaten kreierte, erfuhr ihre Verbreitung in ganz Frankreich eine schlagartige Beschleunigung.

In den USA – schon seit Jahren unter den weltweiten Hauptproduzenten – waren es besonders zwei Produkte, die zum fulminanten Aufstieg der Tomate beitrugen: Ketchup, produziert vom deutschstämmigen Unternehmer Henry John Heinz, und Joseph Campbells berühmte Tomatensuppe in Dosen.

KURIOSITÄTEN RUND UM DIE TOMATE

Jedes Jahr findet am letzten Mittwoch im August in Buñol, einer kleinen Stadt in der Nähe von Valencia, die »rote Schlacht der Tomatina« statt. Bei dieser »Auseinandersetzung« dürfen als »Waffen« ausschließlich Tomaten zum Einsatz kommen. Man sagt, dass die Tomatina auf eine Schlägerei in den 1940er Jahren zwischen einigen jungen Leuten aus der Stadt zurückgeht, die sich auch mit Tomaten bewarfen. Während des heutigen »Kampfes« werden etwa 150.000 sehr reife Tomaten von geringer Qualität verwendet.

Die Tomate hat auch einen Auftritt in Tarantinos Film Pulp Fiction. In einer berühmten Szene wird ein Witz erzählt: Drei Tomaten gehen die Straße entlang – eine Papatomate, eine Mamatomate und eine Babytomate. Die Babytomate beginnt langsamer zu werden. Die Papatomate wird wütend, geht zur Babytomate, zerquetscht sie und sagt: Ketchup! – Dabei handelt es sich um ein Wortspiel, das nur im Englischen funktioniert: Das Verb *to catch up*, das gleich wie die kalte Tomatensauce ausgesprochen wird, bedeutet: »Komm schon! Trödel nicht rum!«

Tomaten kommen auch in einigen deutschen Sprichwörtern vor, so zum Beispiel: Tomaten auf den Augen haben, rot wie eine Tomate sein, eine treulose Tomate sein. Letztere bezeichnet eine Person, die sich nicht an Verabredungen oder Abmachungen hält, Versprechen bricht und es anderen überlässt, Kontakte zu halten. Es wird vermutet, dass sie ihren Ursprung im Ersten Weltkrieg hat und sich auf den Umstand bezieht, dass sich das zunächst neutrale Italien 1915 gegen Deutschland wandte, was aus deutscher Sicht einen Verrat bedeutete. Aus diesem Ressentiment, gepaart mit der Tatsache, dass die Tomatenernte bis weit ins 19. Jahrhundert insbesondere in kühleren Regionen von vielen Fehlschlägen gekennzeichnet und somit unsicher war, soll sich die Redensart entwickelt haben. Eine nicht ganz so ernst gemeinte Theorie, was den Ursprung der Redensart »untreue Tomate« betrifft, beruht auf dem Ruf der Italiener als Herzensbrecher.

DIE TOMATE IN DER KUNSTGESCHICHTE

Die Tatsache, dass die Tomate über einen langen Zeitraum hinweg nur selten auf Gemälden erscheint, weist darauf hin, dass es Widerstände gegen ihre Verwendung gegeben hatte. Eine erste Darstellung findet sich im Palazzo Vecchio in Florenz, im *Salone delle udienze*, der zwischen 1543 und 1545 von Francesco Salviati mit Fresken ausgestattet worden war. Die Schlachtszenen sind mit Girlanden aus Obst, Blumen und Gemüse geschmückt, so auch mit zwei großen Tomaten, einer roten und einer gelben. Wenige Jahre später, 1560, porträtierte Giuseppe Arcimboldo Kaiser Rudolf II. als Vertumnus, den etruskisch-römischen Gott der Veränderung bzw. Verwandlung, dessen Unterlippe von zwei Kirschtomaten gebildet wird. In der endlosen Produktion von Stillleben im 17. und 18. Jahrhundert wird die Tomate dennoch selten reproduziert. Im 19. und 20. Jahrhundert wurde ihrer künstlerischen Darstellung nicht zuletzt wegen des neuen Blicks auf Alltägliches mehr Raum gewidmet, wie etwa bei Gaetano Dura in Neapel, der Maccaronari, Pastahersteller, und Straßenverkäufer verewigte, oder bei Achille Beltrame, der in seinen Gemälden die ländlichen Szenen der Tomatenernte (1930) festhielt. 1944 malte Pablo Picasso in Paris eine Tomatenpflanze als Teil einer Serie von neun Gemälden zum gleichen Thema. Erwähnenswert ist auch die Serie *Campbell's Soup Cans*, die Andy Warhol 1962 schuf. Das Kunstwerk besteht aus 32 nahezu identischen Abbildungen von Suppendosen aller erhältlichen Geschmacksrichtungen, darunter auch die berühmte Tomatensuppe. Die einzelnen Bilder waren exakt gleich groß und wurden zu einem großen Rechteck mit acht Einzelbildern in der Breite und vier in der Höhe angeordnet – wie die Warenanordnung im Schaufenster eines Supermarkts.

DAS ROTE GOLD

Tomaten gehören zu den weltweit meist konsumierten Gemüsesorten. Die größten Produzenten innerhalb der EU sind Italien, Spanien und Portugal, weltweit dominiert China, gefolgt von Indien und der Türkei. Es handelt sich also um ein wichtiges Produkt für den internationalen Agrar- und Lebensmittelmarkt. Das hat auch Schattenseiten.

Chinas jährliche Produktion beläuft sich auf 63 Millionen Tonnen und auch in Europa stecken chinesische Tomaten in Saucen, Ketchup und anderen Fertigprodukten. Bei verarbeiteten Produkten weiß der Konsument nie, ob ein gentechnisch verändertes oder ein Produkt minderer Qualität auf seinen Teller kommt.

Aber wie wurde China zum Führer auf dem Weltmarkt und wie kommt es, dass Konsumenten hinsichtlich der tatsächlichen Herkunft einer so allgegenwärtigen Zutat in die Irre geführt werden? Um die führende Rolle Chinas zu verstehen, muss man ins Jahr 1949 zurückgehen, als die Volksarmee Xinjiang, das östliche Turkestan, eroberte und das Volk der Uiguren gewaltsam kolonisierte. Das chinesische Heer unterstellte Bingtuan, ein großes, perfekt für Landwirtschaft geeignetes Gebiet, der eigenen militärischen und wirtschaftlichen Kontrolle. Ein mit großen Produzenten aus Parma geschlossener Deal brachte den Chinesen im Tausch gegen billiges Tomatenkonzentrat, das durch Ausbeutung der lokalen Bevölkerung hergestellt wurde, das Know-how zur Erzeugung von Tomatenmark, wobei die Italiener auch die dazu nötigen Fabriken errichteten.

So entstand Chalkis, der Industrie-Riese in Bingtuan. Europa »erlaubt« hier einen gigantischen Etikettenschwindel: Laut europäischer Gesetzgebung wird auf »vorübergehend« nach Europa importiertes Konzentrat, das nach der Verarbeitung wiederum für den außereuropäischen Export bestimmt ist, kein Zoll erhoben. Dadurch können Fässer mit chinesischem Tomatenkonzentrat über italienische Häfen, vor allem Salerno und Neapel, zollfrei in den Schengen-Raum gelangen.

Das chinesische Tomatenmark wird umgehend zu einem italienischen Produkt, indem es nach der Beigabe von etwas Salz und Wasser neu abgefüllt und unter italienisch klingendem Namen etikettiert wird. Geltendem

Recht zufolge entfällt nämlich die Kennzeichnungspflicht von Rohwaren nach deren Weiterverarbeitung. Die Firmenangabe auf der Verpackung kann sich also auf den Hersteller oder den Vertreiber beziehen. Die Chinesen arbeiten mit viel niedrigeren Lohnkosten und die Umweltauflagen sind, auch was eine mögliche Belastung mit Pestiziden oder Schwermetallen betrifft, bedeutend weniger streng. Dazu kommt, dass sich in der Tomatensauce aus China lediglich 45 Prozent Tomaten befinden. Die restlichen 55 Prozent sind Zusatzstoffe wie Stärke, Malzzucker, Sojabohnenpüree sowie Farbstoffe.

Natürlich kommt es aufgrund der Monopolisierung zu einer Verdrängung kleinerer Erzeuger und Produzenten von Tomatensauce, vor allem auch auf dem afrikanischen Kontinent. Dies führt wiederum zu Arbeitslosigkeit und zu Arbeitsmigration nach Europa, vor allem nach Italien und Spanien. Die Ausbeutung von Erntehelfern im Zusammenhang mit illegaler Migration in Italien betrifft zu 60 Prozent den Süden, wo die Felder kleinteiliger sind und daher weniger Maschinen zum Einsatz kommen, und ist in den Regionen Apulien, Foggia, Kampanien und Sizilien besonders verbreitet. Die Arbeitsbedingungen für die meist illegalen Migranten sind katastrophal. Die Unterkünfte verfügen oft weder über Wasser noch Strom.

So gibt es beispielsweise in der Provinz Foggia sechs dieser »Ghettos«, in denen bis zu 3.000 Menschen hausen. Zwar gab es vereinzelt immer wieder Proteste, doch das System, das in der Regel von lokalen Mafia-Organisationen und deren »Caporale« genannten Mittelsmännern kontrolliert wird, hält sich hartnäckig, weil die illegalen Einwanderer leicht erpressbar sind.

Das Hauptproblem ist bei Tomaten, wie bei vielen Agrarprodukten, der Preisdruck: Die Zulieferer großer Handelsketten diktieren die Preise bereits vor der Ernte.

Besonders gilt dies für die Dosenindustrie, welche die Discounterketten beliefert und in der Region Kampanien zum Großteil von der Camorra kontrolliert wird. Auch zwischen den einzelnen Supermarktketten tobt der Preiskrieg. Für die sozialen Folgen zahlt letztlich die Gesellschaft, während der Löwenanteil der Wertschöpfung bei den großen Handelsketten liegt.

Dem versucht man durch Initiativen wie *Capo Free – Ghetto Off* gegenzusteuern, die Gewerkschaften, Produzenten, Verbraucher- und Hilfsorganisationen an einen Tisch bringt. Es gibt auch private Unternehmen wie *Funky Tomato*, in denen junge Landwirte gemeinsam mit afrikanischen Einwanderern Tomaten anbauen und weiterverarbeiten. Ihre Produkte gehören zu den wenigen, die absolut »caporalato free« sind. *NoCap*, ist eine Vereinigung, die sich gegen moderne Sklaverei im Agrarbusiness richtet. Sie wurde von einem Aktivisten aus Kamerun, Yvan Sagnet, gegründet. Die verarbeiteten Tomaten werden nach einem 10-Punkte-System zertifiziert, das u.a. Arbeitsverträge und Umweltverträglichkeit berücksichtigt. Immerhin haben Handelsriesen wie Coop in Italien sowie Rewe in Deutschland und Österreich erkannt, dass sich immer mehr Verbraucher für die Herkunft der Waren interessieren. Sie haben begonnen, Lieferketten zu kontrollieren und soziale Standards einzufordern – auch bei Tomaten. Bislang sind diese Kontrollen allerdings freiwillig. Es gibt kein europäisches Gesetz, das Transparenz erzwingt.

TOMATEN IM MENSCHLICHEN KÖRPER

Obwohl die Tomate lange Zeit als gefährliche Giftpflanze angesehen wurde, gilt sie heute als sehr gesundes Fruchtgemüse – wenn man sie verträgt. Da sie zu 90 Prozent aus Wasser besteht, ist sie ein ideales Nahrungsmittel für alle, die ihr Gewicht unter Kontrolle halten, ohne auf Geschmack verzichten zu wollen. 100 Gramm enthalten nur 17 Kalorien und ihr Anteil an Kohlenhydraten und Proteinen ist sehr gering. Das schmackhafte Gemüse ist verdauungsfördernd, wirkt appetitanregend und trägt zur Entwässerung bei. Tomaten enthalten eine Reihe von Vitaminen wie Folsäure und wichtige Spurenelemente. Sie sind reich an Antioxidantien wie Lycopin, ein Wirkstoff, der nicht nur für die rote Farbe verantwortlich ist, sondern den Körper auch vor der Einwirkung freier Radikale und damit vor Hautkrebs schützt. Das rote Gemüse enthält auch Tyrosin, ein Inhaltsstoff, der zur Verbesserung der Stimmung beiträgt. Tomaten fördern die Harnausscheidung, beugen Infektionen und Entzündungen der Harnwege vor, erleichtern die Verdauung von stärkehaltigen Nahrungsmitteln und sind auch bei Candida-Infektionen nützlich. Laut der Traditionellen Chinesischen Medizin wirken Tomaten auf unseren Körper stark kühlend und setzen damit der Sommerhitze etwas entgegen. Tomaten können aber auch einige Probleme verursachen, vor allem bei Personen mit Allergien oder Unverträglichkeiten gegen Nickel oder gegen Nachtschattengewächse. Generell sollten Menschen, die unter Magenproblemen, Gastritis, Reflux oder Reizdarmsyndrom leiden, den Verzehr von Tomaten einschränken, wenn nicht sogar ganz darauf verzichten.

TOMATEN IN DER KÜCHE: GEBRAUCH UND KONSERVIERUNG

Als Grundlage mediterraner Ernährung ist die Tomate dank ihrer Vielseitigkeit das Wahrzeichen der italienischen Küche und das beliebteste Sommergemüse Europas. Die Vielfalt an Zubereitungsarten und die vielen auf dem Markt erhältlichen Sorten bringen neue Geschmacksrichtungen und Duftnoten auf den Tisch. Tomaten schmecken nicht nur als Vorspeise oder Salat, kombiniert mit anderem Gemüse oder mit verschiedenen Getreidesorten, roh oder gekocht als Suppe wie zum Beispiel in *Gazpacho* und in *Pappa al pomodoro*, sie sind auch eine der Grundzutaten für Pizza sowie für verschiedene Pastasaucen und verleihen Fleisch- und Fischgerichten Farbe und Geschmack. Das perfekte »Paar« in der Küche sind Tomaten und Basilikum – aber auch mit Rosmarin, Oregano, Thymian, Petersilie, Schnittlauch, Pfeffer, Knoblauch und Zwiebel schmecken Tomaten einfach köstlich. Wer es lieber exotisch hat: Die Tomate passt auch sehr gut zu Chili, Sternanis, Vanille, Gewürznelken, Senfkörnern und Zimt.

Tomaten gehören nicht in den Kühlschrank, denn sie verlieren dort an Geschmack. Nach dem Kauf sollte man sie bei Zimmertemperatur an einem kühlen Ort lagern, eventuell in einem mit einem Geschirrtuch abgedeckten Korb. Nur wenn die Tomaten sehr reif sind, können sie im Gemüsefach des Kühlschranks gelagert werden. Vor dem Verzehr einfach aus dem Kühlschrank nehmen und einige Stunden lang Raumtemperatur annehmen lassen.

Tomaten lassen sich auf viele Arten haltbar machen: Man kann sie im Backofen, mit dem Dörrgerät oder an der Sonne trocknen. Getrocknete Tomaten sind lange haltbar und schmecken köstlich, wenn sie mit Knoblauch, Oregano oder Chili in Olivenöl eingelegt werden. Die kleinen Kirsch- oder Cocktailtomaten hingegen eignen sich hervorragend zum Einlegen in Essig. Das Einkochen von Tomaten sei all denjenigen empfohlen, die gerne Tomatensaucen verwenden. Die Zubereitung ist einfach und wird auf den Seiten 46–48 erklärt. Vorgekochte Tomaten, etwa in Form von Sugo, lassen sich auch gut einfrieren.

SORTEN

Durch zahlreiche Kreuzungen gibt es weltweit inzwischen mehr als 20.000 Sorten.

Um die Sortenvielfalt zu gliedern, werden Tomaten nach Wuchstyp (Stabtomaten oder Strauchtomaten), Größe, Form, Farbe und Verwendung unterschieden. Ich beschränke mich hier auf die Nennung der gängigsten, leicht erhältlichen Sorten und empfehle den Kauf alter Tomatensorten oder neuer Kreuzungen.

Fleischtomaten sind die Schwergewichte unter den Tomaten. Sie sind unregelmäßig gerippt, haben einen geringeren Samenanteil und fallen daher beim Kochen nicht zusammen. Der Geschmack ist ganz besonders aromatisch und kräftig, die Konsistenz kann etwas mehlig sein. Fleischtomaten eignen sich vor allem für Salate, zum Füllen und Gratinieren. Die Sorte Ochsenherz ist der Klassiker unter den Fleischtomaten.

Salattomaten/Rundtomaten sind am beliebtesten. Es gibt sie in verschiedenen Formen und Farben. Sie haben eine glatte Oberfläche, sind schnittfest, sehr saftig und eignen sich zum Frischverzehr und für die Zubereitung von Salaten.

Flaschentomaten/Eiertomaten haben eine walzenförmige Form, festeres Fruchtfleisch als »normale« Tomaten, weniger Kerne und flüssige Bestandteile und sie sind sehr geschmacksintensiv. Häufig verwendet man sie zur Herstellung von Ketchup oder Tomatenmark, aber sie eignen sich auch hervorragend für Tomatensalat und alle Arten von Sugo. San Marzano und Roma – beide stammen ursprünglich aus Italien – zählen zu den bekannteren Sorten.

Kirschtomaten/Cherrytomaten wiegen maximal 20 g und sind in verschiedenen Farben und Formen zu finden. Sie sind knackig und süß und eignen sich perfekt zum Naschen, für Salate, als Dekoration, als Pizzabelag, aber auch zur Herstellung einer schnellen Sauce.

Cocktailtomaten sind etwas größer als Kirschtomaten. Sie kommen ebenfalls in unterschiedlichen Farben und Formen vor, sind sehr aromatisch und eignen sich besonders gut als Salatzutat, für zwischendurch sowie zum Trocknen oder Einlegen in Öl bzw. Essig. Ihr süßer Geschmack ist bei Kindern sehr beliebt.

Datteltomaten/Datterini bezeichnen eine dattelförmige kleine Sorte mit roten Früchten und einem sehr aromatischen Geschmack. Sie kommt ursprünglich aus Sizilien. Die Datteltomate eignet sich bestens für die Zubereitung von Salaten, Saucen und für Bruschetta. Sie lässt sich auch sehr gut trocknen.

Grüne Tomaten haben eine fleischige Konsistenz, eine knackige Schale und sind in vielen verschiedenen Größen und Formen zu finden. Wegen der perfekten Kombination aus Säure und Süße sind sie in Chutneys, Marmeladen, Ketchup oder gebacken ein Gedicht. Die Sorte Green Zebra ist der Klassiker unter den grünen Tomaten.

Alte Tomatensorten/Tomatenraritäten ist eine Bezeichnung für seltene, wohlschmeckende Sorten. Zu den bekanntesten zählen die Berner Rose mit aromatisch-süßem Geschmack, Costoluto genovese, bei der es sich um eine alte italienische Fleischtomate mit gerippter Oberfläche und hervorragendem Aroma handelt, sowie die Black Cherry, eine dunkle Sorte mit fruchtig-süßen Früchten. Dank ihrer festen Schale eignet sie sich besonders gut für Saucen, Eintöpfe und Suppen.

Rispentomaten bezeichnet keine Sorte, sondern eine Gruppe von Tomaten, in der Kirschtomaten, Cocktailtomaten, Datteltomaten und andere kleine und größere Tomaten zusammengefasst werden. Sie kommen oft noch an der Rispe hängend in den Handel.

Griechischer Bauernsalat

Für 2 Portionen: 1 rote oder grüne Spitzpaprika • 1 rote Zwiebel • 1 große Salatgurke • 3–4 vollreife Tomaten • 200 g Feta • 100 g schwarze Oliven • etwas frischer oder getrockneter Oregano
Für das Dressing: 4 EL natives Olivenöl • 2 EL Rotweinessig • Salz

Für das Dressing die Zutaten in einem Glas verrühren. Spitzpaprika von Strunk und Kerngehäuse befreien und in Streifen schneiden. Zwiebel in feine Ringe schneiden, Gurke schälen und in Scheiben schneiden. Tomaten in grobe Stücke schneiden und Feta würfeln. Alle Zutaten in einer Schüssel vermengen, mit Oregano bestreuen. Dressing unterheben. 30 Minuten ziehen lassen und mit Brot servieren.

Salziges Tomaten-Tiramisù

Für 4 Portionen: 500 g Tomaten • 1 Knoblauchzehe • 12 Basilikumblätter • 1 Bio-Zitrone • 3–4 Scheiben Toskanabrot • 300 g Ricotta • Salz und Pfeffer • 6 EL natives Olivenöl • 1–2 EL Balsamico

Tomaten vierteln, Stielansatz entfernen, entkernen, und in kleine Stücke schneiden. Knoblauch schälen, Keim entfernen und die Zehe sehr fein würfeln. Basilikumblätter zerzupfen, die Schale der Zitrone abreiben und das Brot in kleine Würfel schneiden. Ricotta mit der Zitronenschale, Salz und Pfeffer würzen. Tomatenstücke mit Knoblauch, 2 EL Olivenöl und dem Balsamico vermengen, pfeffern und salzen. Brotwürfel in einer Pfanne in 4 EL Olivenöl anrösten und auf Küchenpapier abkühlen lassen. In Gläser schichten:

je 1 Lage Brotwürfel, Tomaten, Ricotta und das Ganze wiederholen. Mit ein paar Tropfen Olivenöl und Basilikum garnieren.

Panzanella

Die Panzanella, auch Pansanella, Panmolle oder Pane 'nzuppo genannt, ist ein einfaches Gericht, das nicht nur in der Toskana, sondern in vielen Regionen Mittelitaliens zubereitet wird. Dieser sommerliche Brotsalat, von dem es mehrere Versionen gibt, scheint antike Ursprünge zu haben. Das sogenannte Pan lavato (gewaschenes Brot), ein Gericht ohne Tomaten, das aber sonst der Panzanella sehr ähnlich ist, wird sogar in einer Erzählung von Boccaccio aus dem 14. Jahrhundert erwähnt.

Was den Ursprung des Namens betrifft, so behaupten einige, dass er sich von den Wörtern *pane* (Brot) und *zanella* (Suppenterrine) ableitet, andere glauben, dass vielleicht der Begriff *panzana* den Namen des Gerichts hervorgebracht hat. *Panzana* bedeutete ursprünglich *pappa*, wörtlich in etwa Brei, eine Bezeichnung, die im Italienischen eine Speise auf der Basis von in Wasser oder Brühe gekochtem Brot oder Weizengrieß beschreibt.

Für 4 Portionen: 1 rote Zwiebel • 1 Gurke • 500 g reife Tomaten • 400 g altes Toskanabrot (am besten ohne Salz) • 2–3 EL Weinessig • frisches Basilikum • natives Olivenöl • Salz und Pfeffer

Brot in Stücke schneiden, auf einen Teller geben, mit einer Mischung aus Wasser und Essig übergießen. (Das Brot sollte nicht im Wasser schwimmen, sondern lediglich nass und weich werden.) Mindestens 30 Minuten weichen lassen. Brot mit den Händen sehr gut auspressen, in eine große Schüssel geben und grob zerkrümeln. Zwiebel in dünne Scheiben schneiden, Gurke würfeln. Tomaten würfelig schneiden. Zwiebel, Tomaten, Gurke,

Basilikum und reichlich Olivenöl hinzugeben, alles gut vermischen und mit Salz und Pfeffer abschmecken.

Muffins mit getrockneten Tomaten

Für 12 Muffins: 80 g getrocknete Tomaten in Öl • 60 ml Olivenöl • 150 g Ricotta • 180 ml Buttermilch • Salz und Pfeffer • 250 g glattes Weizenmehl • 2 TL Backpulver • getrockneter Oregano • 2 EL geriebener Parmesan • 50 g gewürfelter Emmentaler oder Bergkäse

Backofen auf 180 °C Ober-/Unterhitze vorheizen. Tomaten abtropfen lassen und in Stücke schneiden. Olivenöl, Ricotta und Buttermilch verrühren. Etwas salzen und pfeffern. Mehl und Backpulver mischen und mit Oregano und dem geriebenen Parmesan kurz unter den Teig rühren. Käse und Tomaten dazugeben. Ein Muffinblech mit Papiermuffin-Förmchen auslegen und die Masse in die Förmchen füllen. Im vorgeheizten Backofen ca. 20 Minuten backen.

Bruschetta

Der Name dieser berühmten Vorspeise leitet sich vom italienischen Wort *bruscare* ab, was rösten bedeutet. Ursprünglich war Bruschetta, wie viele andere Rezepte, die mit trockenem Brot zubereitet werden, eine typische Mahlzeit der Bauern.

Es gibt viele Variationen, dies ist die klassische Variante mit Tomate, Öl, Knoblauch und Basilikum.

Für 4 Portionen: 2–3 Knoblauchzehen • 400 g Cocktailtomaten • ½ Bund Basilikum • ausreichend natives Olivenöl • Salz • 8 Scheiben Toskanabrot

Backofen auf 180 °C Ober-/Unterhitze vorheizen. 1 Knoblauchzehe sehr fein schneiden, Tomaten waschen, vierteln, entkernen und würfeln. Basilikum waschen und in feine Streifen schneiden. Ein paar Blätter zum Garnieren beiseitelegen. Tomaten, Basilikum und Knoblauch mit Olivenöl in einer Schüssel vermengen, mit Salz abschmecken und etwas ziehen lassen.

Backpapier auf ein Backofengitter legen und die Brotscheiben im vorgeheizten Backofen ca. 5–8 Minuten rösten. Mit einer ganzen Knoblauchzehe über das gebackene Brot streichen und mit Olivenöl beträufeln. Tomatenmischung auf den Brotscheiben verteilen und mit Basilikum bestreuen.

Bulgursalat mit Tomaten

Für 4 Portionen: 360 g Bulgur • 400 g rote und grüne Kirschtomaten • 2 EL entsteinte schwarze Oliven • ca. 15 Basilikumblätter (gehackt 3 EL) • 1 kleine Zwiebel • 1 Knoblauchzehe • 5 EL natives Olivenöl • Saft einer Zitrone • Salz und Pfeffer

Bulgur in kochendem Salzwasser nach Packungsanweisung kochen. Inzwischen Kirschtomaten vierteln, Oliven und Basilikum grob hacken, Zwiebel und Knoblauchzehe fein würfeln. 3 EL Olivenöl in einer Pfanne erhitzen, Zwiebel und Knoblauch glasig dünsten. Bulgur untermischen, Tomaten, Oliven und Basilikum vorsichtig unterheben und mit 2 EL Olivenöl, Zitronensaft, Salz und Pfeffer abschmecken.

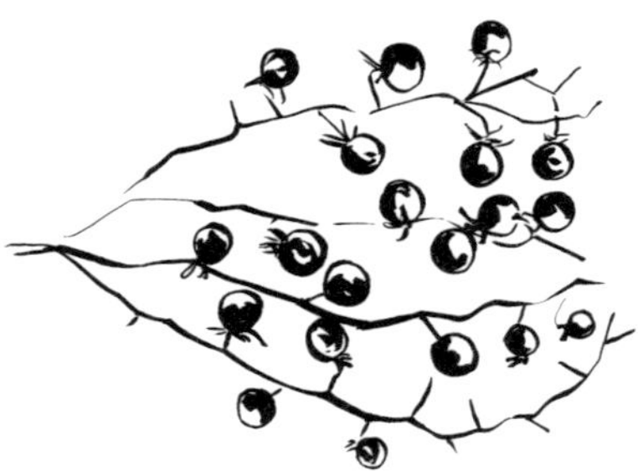

Busiate alla trapanese

Arabische Manuskripte, die bis ins 10. Jahrhundert zurückreichen, bezeugen schon die Verwendung der Busiate-Nudel. Der Name leitet sich von ihrer gedrehten Form ab: Früher wurden die Nudelstreifen über einen Zweig, den *buso*, vor allem über den Halm des Diss gerollt, einer für den Mittelmeerraum typischen Süßgras-Art. Der Halm wurde dann durch Bronzeutensilien ersetzt, die in Analogie dazu auch den Namen *busi* trugen. Die raue und poröse Oberfläche dieser frischen Pasta ist perfekt für dicke Saucen. Normalerweise werden die Busiate mit frischem Tomatenpesto nach Trapani-Art serviert. Dies ist ein historisches Rezept, zubereitet mit lokalen Zutaten wie rotem Knoblauch aus Nubia, Pizzutello-Tomaten aus Paceco, nativem Olivenöl aus der Dop-Region Valli Trapanesi, Meersalz aus Trapani, Mandeln aus Erice, Pecorino und Basilikum aus der Region. In Trapani wird dieses Gericht wegen der Menge an Knoblauch (im Dialekt *agghia*) auch Pasta *cull'àgghia* oder *l'àgghia pistata* genannt.

Wenn die Busiate schwer zu finden sind, können andere Teigwaren wie Bucatini, Makkaroni, Penne rigate etc. verwendet werden.

Für 4 Portionen: 500 g Tomaten (z.B. Roma) • 1 Handvoll Basilikumblätter (plus einige zum Bestreuen) • 60 geschälte und geriebene Mandeln • 3–4 Knoblauchzehen • 80 g Pecorino • 100 ml natives Olivenöl • Salz und Pfeffer • 400 g Busiate • 2–3 EL geriebener Parmesan

Tomaten waschen, kreuzförmig einschneiden, kurz in kochendem Wasser blanchieren, mit kaltem Wasser abschrecken, schälen, halbieren, die Kerne entfernen und das Fruchtfleisch anschließend grob schneiden.

Basilikumblätter waschen und zusammen mit Mandeln, Knoblauch und Pecorino in den Mixer geben. Die Mischung pürieren, Tomaten und etwas Öl dazugeben und nochmals pürieren. Öl einfließen lassen und zu einem cremigen Pesto mixen. Mit Salz und Pfeffer abschmecken.

Pasta in kochendem Salzwasser al dente garen, vor dem Abgießen etwas Kochwasser zurückbehalten, das Pesto damit verdünnen. Pesto unter die Nudeln mischen und auf Teller verteilen. Mit Basilikumblättern und Parmesan bestreuen und sofort servieren.

Penne all'arrabbiata

Penne all'arrabbiata sind eine Spezialität aus Ponte Basso di Castel Sant'Angelo in der Provinz Rieti in Latium und gehören mit Pizza und Tiramisù zu den bekanntesten italienischen Gerichten. Der Name – *arrabbiato* bedeutet »verärgert«, »wütend« – geht wahrscheinlich auf die Verwendung einer größeren Menge an Chili zurück, die ein gerötetes Gesicht und tränende Augen verursachen kann – wie bei Menschen, die wütend sind.

Für 4 Portionen: 2–3 Knoblauchzehen • 3 EL natives Olivenöl • 400 g geschälte Tomaten aus der Dose oder 500 g frische Tomaten • 1–2 frische oder getrocknete Chilischoten • Salz und Pfeffer • 400 g Penne rigate • 1 EL gehackte Petersilie • 80 g geriebener Pecorino Romano

Knoblauchzehen mit der Breitseite der Messerklinge andrücken und in einer Pfanne mit dem Olivenöl kurz andünsten. Wenn der Knoblauch goldbraun ist, die Zehen entfernen. Die zerkleinerten Pelati und Chili dazugeben, mit Salz und Pfeffer abschmecken. Die Sauce bei schwacher Hitze 15–20 Minuten köcheln lassen. Inzwischen die Penne in kochendem Salzwasser garen, abseihen, solange sie noch ziemlich bissfest sind, in die Pfanne zur Sauce geben und darin noch 1–2 Minuten fertig garen. Mit Pecorino und Petersilie bestreuen, eventuell noch 1 Schuss Olivenöl dazugeben und auf Teller verteilen.

Gnocchi alla sorrentina

Dieser Auflauf ist eine bunte und gehaltvolle Spezialität vom Golf von Neapel.

Für 4 Portionen: Für die Gnocchi: 1 kg mehlige Kartoffeln • Salz • 2 verquirlte Eier • ca. 250 g glattes Weizenmehl

Für die Tomatensauce: 1 Knoblauchzehe • 2 EL natives Olivenöl • 700 passierte Tomaten • Salz • 1 Prise Zucker • 6 Basilikumblätter • 300 g Mozzarella • 80 g geriebener Parmesan

Kartoffeln waschen, mit der Schale in Salzwasser weich kochen, abseihen, schälen und mit dem Kartoffelstampfer zerdrücken. In der Zwischenzeit Knoblauch schälen, mit einer Gabel etwas andrücken und in einer Pfanne mit dem Olivenöl anschwitzen. Passierte Tomaten hinzugeben, mit Salz und Zucker abschmecken und das Basilikum dazugeben. Ca. 20–30 Minuten bei mittlerer Hitze köcheln lassen. Knoblauchzehe wieder aus der Sauce nehmen. Mozzarella würfelig schneiden.

Für die Gnocchi auf einer Arbeitsfläche die Kartoffeln, Salz und die Eier gut vermischen. Nach und nach das Mehl einarbeiten und den Teig mit den Händen kneten. Bei Bedarf so viel Mehl beifügen, bis der Teig nicht mehr an den Händen klebt. Eine Kugel formen und ca. 30 Minuten rasten lassen. Den Teig nach und nach zu daumendicken Teigrollen formen und kleine Stücke abschneiden. Die bemehlten Zinken einer Gabel in jedes Stück eindrücken. Etwas Tomatensauce in einer Auflaufform verteilen. Backofen auf 200 °C vorheizen.

Gnocchi in sprudelndem Salzwasser kochen und mit einem Schaumlöffel herausnehmen, sobald sie an die Oberfläche kommen. Gnocchi mit der Tomatensauce verrühren, in die Auflaufform geben, Mozzarella darüber verteilen und mit Parmesan bestreuen. Im vorgeheizten Backofen gratinieren, bis der Käse goldbraun ist.

Tomatenrisotto

Für 4 Portionen: 6 getrocknete Tomaten • 600 g Kirschtomaten • Salz und Pfeffer • 1 TL getrockneter Oregano • 1 TL Paprikapulver edelsüß • 1 EL gehacktes Basilikum • 1 Schalotte • 2 EL natives Olivenöl • 360 g Risottoreis (Arborio oder Carnaroli) • etwas Weißwein • 1 l Gemüsebrühe • Salz • 40 g Butter • 5–6 EL Parmesan

Backofen auf 200 °C vorheizen. Getrocknete Tomaten in Stücke schneiden. Frische Tomaten halbieren, mit der Schnittfläche nach oben auf ein Backblech legen und mit Salz, Pfeffer und Oregano abschmecken. 10–15 Minuten backen (sie sollen weich und geröstet aussehen). Tomaten zusammen mit den getrockneten Tomaten, Paprika und Basilikum mit dem Stabmixer fein pürieren.

Schalotte sehr fein schneiden und in Olivenöl goldgelb braten. Reis zugeben und einige Minuten unter ständigem Rühren anrösten. Mit etwas Weißwein ablöschen und den Alkohol vollständig verdampfen lassen. 1 Schöpflöffel heiße Suppe beifügen, verkochen lassen, erst dann wieder neue Brühe dazugeben. Mit dem Kochprozess ca. 18–20 Minuten unter häufigem Rühren fortfahren, dabei immer wieder schöpflöffelweise Suppe nachgießen, sobald der Reis die Flüssigkeit zur Gänze aufgenommen hat. Nach 15 Minuten Kochzeit die pürierten Tomaten beifügen, mit dem Kochen fortfahren und eventuell salzen. Am Ende der Garzeit den Topf vom Feuer nehmen, das Butterstück und ein wenig Parmesan dazugeben, gut mischen und zugedeckt 2 Minuten rasten lassen. Mit weiterem Parmesan bestreuen und sofort servieren.

Penne alla crudaiola

Ein einfaches Gericht, das kalt oder warm schmeckt. Der Name leitet sich vom italienischen *crudo* ab, was roh bedeutet – und tatsächlich sind alle Zutaten, aus denen die Sauce besteht, roh.

Für 4 Portionen: 400 g Penne rigate • Salz • 300 g Kirschtomaten • 1 Kugel Mozzarella • 1 Knoblauchzehe • 6–8 Basilikumblätter • 2–3 EL geriebener Parmesan • 4 EL natives Olivenöl

Penne nach Anleitung in Salzwasser bissfest kochen. Kirschtomaten waschen, abtrocknen und vierteln, Mozzarella würfeln, Knoblauch pressen oder fein schneiden und die Basilikumblätter grob hacken. Wenn die Penne fertig sind, alle Zutaten in eine Schüssel geben und mit Olivenöl und Salz abschmecken.

SUPPEN

Pappa al pomodoro

Die Pappa al pomodoro (wörtlich in etwa Tomatenbrei) ist ein einfaches toskanisches Gericht bäuerlichen Ursprungs, bei dem es sich wahrscheinlich um eine »Resteverwertung« für altbackenes Brot handelt.

Die Basisingredienzien sind das typische *pane sciocco* (in der Bedeutung: fades Brot, da ohne Salz) – natürlich altbacken, gerippte toskanische Tomaten, reichlich natives Olivenöl unbedingt toskanischen Ursprungs, Basilikum und Salz. Das hier vorgestellte Rezept in der Variante mit eingeweichtem Brot, Chili und Soffritto (in Olivenöl geröstetem Gemüse) stammt vom Küchenchef des Restaurants Il Cibrèo in Florenz, Fabio Picchi.

Für 4 Portionen: 1 kg reife Tomaten (San Marzano) • ½ Wecken altes Toskanabrot in Scheiben • 1 große Zwiebel • 1 Karotte • 1 Länge Stangensellerie • natives Olivenöl • Chilischoten (nach Belieben) • 3 Knoblauchzehen • 3 Bund Basilikum • Salz

Tomaten auf der Unterseite kreuzförmig einschneiden und 1 Minute in kochendes Wasser legen. Anschließend in kaltem Wasser abkühlen, häuten und die Samen entfernen. Brotscheiben in zwei Glas Wasser (ca. 250 ml) einweichen. Wenn es vollständig aufgeweicht ist, möglichst gut ausdrücken und beiseitestellen. Inzwischen die Zwiebel, Karotte und Sellerie fein schneiden und in reichlich Olivenöl bei niedriger Flamme unter häufigem Umrühren rösten. Tomaten in Stücke schneiden und mit dem Chili dazugeben, salzen und alles ca. 20 Minuten köcheln.

Eingeweichtes Brot in die kochende Sauce einrühren und ca. 15 Minuten auf niedriger Flamme unter häufigem Rühren weiterkochen lassen. Knoblauch unterdessen sehr fein schneiden, Basilikum grob zerzupfen und über die vom Feuer genommene Pappa streuen. Mit Salz abschmecken und reichlich Olivenöl einrühren. Vor dem Servieren mindestens 30 Minuten rasten lassen.

Die Pappa schmeckt heiß, kalt und besonders an heißen Sommertagen auch gekühlt.

Gazpacho andalus

Gazpacho wurde erstmals 1611 im *Tesoro de la lengua castellana o española* erwähnt. Der Autor, Sebastián de Covarrubias, zählt die Suppe zu den Migas, d.h. zu Gerichten, die mit eingeweichtem Brot, Öl, Essig und anderen Zutaten zubereitet wurden.

Richard Twiss, Autor von *Reisen durch Portugal und Spanien*, liefert wertvolle Informationen über diese Suppe. Während seines Spanienaufenthalts 1773 kostete er Gazpacho, eine dünne Suppe, die mit Öl, Essig, Salz, Paprika, Wasser, eingeweichtem Brot, Knoblauch und Zwiebel zubereitet wurde. In dieser Version haben wir also eine Zutat aus der Neuen Welt, die Paprika, aber die Tomaten fehlen noch. Auch in der kalten Suppe, die dem französischen Schriftsteller Théophile Gautier 1840 in Malaga serviert worden war, fehlten noch die Tomaten. Er war zunächst angewidert von diesem Gericht, in das »zu Hause nicht mal eine Promenadenmischung seine Schnauze halten würde«, aber am Ende kam auch Gautier auf den Geschmack.

Der erste Beleg für die Verwendung von Tomaten stammt von dem russischen Reisenden Vassily Botquin, der Spanien kurz nach Gautier besuchte. In seinen Briefen aus Spanien beschreibt er die in Gasthäusern servierte Gazpacho als »eine magere Brühe aus Paprika, Zwiebeln, Tomaten, Essig, Wasser, Salz und Brot«.

Bald begann die andalusische Gazpacho mit Tomaten auch bei Banketten der Oberschicht serviert zu werden – es wird erzählt, dass Gräfin Eugénie de Montijo, Ehefrau von Napoleon III., von dieser Suppe so begeistert war, dass sie sie oft für Gäste der Residenz in Madrid und am Pariser Hof zubereiten ließ. Die andalusische kalte Suppe, die wir kennen und die seit einigen Jahren ein internationales Gericht ist, hat mehrere regionale Varianten.

Für 4 Portionen: 250 g Weißbrot vom Vortag • 5 reife Tomaten • 1 grüne oder rote Paprika • 1 Gurke • 1 Zwiebel • 2 Knoblauchzehen • 4 EL Olivenöl • 1–2 EL Sherryessig • Salz und Pfeffer

Zunächst das Brot in Scheiben schneiden, entrinden und in ca. 100 ml kaltem Wasser einweichen. In der Zwischenzeit Tomaten oben einstechen und mit kochendem Wasser überbrühen. Das Wasser nach 30 Sekunden abgießen, die Tomaten kurz abkühlen lassen, dann die Schalen abziehen. Paprika, Gurke, Zwiebel und Knoblauch klein schneiden und mit 2 EL Olivenöl in einem Mixer pürieren. Eingeweichtes Brot, Essig und restliches Olivenöl dazugeben und nochmals pürieren. Je nach gewünschter Konsistenz mit Wasser anreichern, salzen und pfeffern. Gazpacho muss sehr kalt serviert werden.

Weiße Tomatenessenz mit Tomatenmousse

Mit dem wertvollen Saft, der aus Tomaten abläuft, lässt sich Tomatenessenz gewinnen, die in Italien auch als »Tomatenwasser« bekannt ist. Dieses entstammt der traditionellen Volksküche, wird aber heute vorwiegend von berühmten Küchenchefs für spezielle Gerichte verwendet. Man kann daraus vorzügliche Minestren bereiten oder sie einfach als Gemüsebrühe zu verschiedenem Gemüse, zur Zubereitung von Pasta mit Fisch oder von Risotti verwenden. Es gibt verschiedene Arten der Zubereitung: mit gekochten oder rohen Tomaten, wobei diese frisch oder aus der Dose – oder auch beides – sein können. Die für mich beste Version stammt vom deutschen Autor, Herausgeber und Verleger kulinarischer Literatur sowie Fernsehkoch Vincent Klink, der sie für eine Tomatenmousse verwendet.

Für 4 Portionen: 2 kg reife Tomaten • 1 Bund Basilikum • Salz und Pfeffer • 1 Prise Zucker • 1 Zwiebel • 1 Knoblauchzehe • 2 EL natives Olivenöl • 1 Zweig Thymian • 1 Zweig Rosmarin • 5 Blatt Gelatine • 150 g Sahne

Tomaten waschen und in Stücke schneiden. Basilikum abspülen, trocknen und grob schneiden. Tomatenwürfel und Basilikum mischen und mit etwas Salz, Pfeffer und 1 Prise Zucker würzen. Dann in ein mit einem Mulltuch ausgelegtes Sieb geben und in eine Schüssel tropfen lassen. (Am besten alles in den Kühlschrank geben und über Nacht abtropfen lassen – das Sieb vorher mit Frischhaltefolie abdecken.) Die abgetropfte klare Tomatenessenz mit Frischhaltefolie abdecken und bis zur Fertigstellung der Tomatenmousse im Kühlschrank lassen.

Die Tomaten aus dem Sieb wie folgt weiterverwenden: Zwiebel und Knoblauch schälen, würfeln und in einem Topf mit 2 EL Olivenöl anschwitzen, dann Tomaten zugeben, Thymian- und Rosmarinzweig untermischen und 30 Minuten kochen. Dann alles durch eine Flotte Lotte drehen, damit die Haut und die Kerne zurückbleiben. Gelatine in kaltem Wasser einweichen. 250 ml passierte Tomatensauce abschmecken und nochmals kurz erwärmen. Die eingeweichte Gelatine ausdrücken, darin auflösen und leicht abkühlen lassen. Die Sahne steif schlagen und unter die Tomaten-Gelatine-Sauce geben. Alles in eine Schüssel füllen, mit Frischhaltefolie abdecken und im Kühlschrank ca. 3–4 Stunden fest werden lassen. Vor dem Servieren die klare Tomatenessenz erwärmen und mit Salz und 1 Prise Zucker würzen. In Suppentassen anrichten. Aus der Mousse Nocken abstechen und diese separat dazu reichen.

Gefüllte Tomaten mit Ei

Für 4 Portionen: 8 große, feste Tomaten • 3–4 EL natives Olivenöl • Salz und Pfeffer • getrockneter Thymian • 100 g Emmentaler in 8 Stücken • 100 g Parmesan • 8 Eier

Backofen auf 200 °C vorheizen. Deckel der Tomaten abschneiden, das Innere mit einem Löffel herauslösen, Tomaten mit der Öffnung nach unten auf Küchenpapier abtropfen lassen. Tomaten außen mit Öl befeuchten, innen mit Salz, Pfeffer und Thymian würzen und jeweils mit einem Stückchen Emmentaler sowie etwas geriebenem Parmesan füllen. Eine feuerfeste Form mit Öl einreiben, die Tomaten hineinstellen. Ein Ei nach dem anderen aufschlagen und in die Tomaten gleiten lassen. Leicht salzen und pfeffern, mit dem Rest des Parmesans bestreuen und im Ofen überbacken, bis die Eier gestockt sind.

Parmigiana di melanzane

Gleich drei italienische Regionen, nämlich Sizilien, Kampanien und Emilia-Romagna reklamieren den Ursprung dieses schmackhaften vegetarischen Auflaufs für sich. Hier die klassische Version mit gebratenen Auberginen. Für eine leichtere Variante, die aber von Puristen als »ketzerisch« angesehen wird, ist es möglich, die Auberginen zu grillen, anstatt sie zu braten.

Für 4 Portionen: 400 g Caciocavallo • Provola oder Mozzarella • 1 kg Auberginen • grobes Salz • Weizenmehl • 1 l Erdnussöl • reichlich Sauce mit Tomaten aus der Dose (S. 48) • 12 Basilikumblätter • 100 g Parmesan

Käse in feine Scheiben schneiden. Auberginen waschen, die Enden entfernen, in dünne Scheiben von ca. 5 mm Breite schneiden, in Schichten in ein Nudelsieb legen und jede Schicht mit grobem Salz bestreuen. Mit einem Gewicht ca. 60 Minuten lang beschweren, sodass Flüssigkeit abtropft.

Backofen auf 180 °C vorheizen. Auberginenscheiben abspülen, sehr gut trocken tupfen, beidseitig in Mehl drücken, überschüssiges Mehl abklopfen und die Scheiben in reichlich Öl braten, bis sie eine gleichmäßig goldgelbe Färbung annehmen. Mit einem Schaumlöffel herausnehmen, auf Küchenpapier abtropfen lassen.

Einige Löffel Tomatensauce in eine ofenfeste Form geben und eine Schicht Auberginen einlegen. Diese mit weiterer Sauce, einigen Basilikumblättern, den Käsescheiben und geriebenem Parmesan bedecken. Vorgang wiederholen, bis alle Zutaten verwendet sind.

Im vorgeheizten Backofen ca. 40 Minuten backen. Aus dem Ofen nehmen und vor dem Servieren 15 Minuten ruhen lassen.

Shakshuka

Shakshuka, das als israelisches Nationalgericht bezeichnet wird, stammt vermutlich aus der nordafrikanischen Küche. Die Eierspeise in Tomatensauce wird mit Pitabrot serviert und sehr oft als Frühstück gegessen.

Für 2 Portionen: 1–2 grüne Chilischoten • 1–2 Knoblauchzehen • 1 große rote Paprika • 1 kg Tomaten • 3 EL natives Olivenöl • Salz • 4 Eier • 4 EL Petersilie und/oder Koriander • Pitabrot

Chilischote(n) entkernen, Knoblauch schälen, beides fein hacken. Paprika entkernen und klein würfeln, Tomaten grob würfeln. Olivenöl in einer großen Pfanne erhitzen und Knoblauch, Chili und Paprika scharf anbraten, anschließend die Tomaten hinzufügen und ca. 20 Minuten zu einer dickflüssigen Masse einkochen. Salzen, mit einem Löffel 4 Mulden formen und in jede Mulde 1 Ei schlagen. Pfanne abdecken und die Masse garen, bis das Eiweiß fest wird. Shakshuka mit gehackter Petersilie bestreuen und mit Pitabrot servieren.

Hähnchenbrust mit Tomatensauce

Für 6 Portionen: 1 Zwiebel • 2 Knoblauchzehen • 10 Basilikumblätter • 4 Hühnerfilets (insg. ca. 800–900 g) • Salz und Pfeffer • 1 TL Paprikapulver • 4 EL natives Olivenöl • 600 g passierte Tomaten • 1 Prise Zucker • 150 ml Sahne

Backofen auf 180 °C vorheizen. Zwiebel und Knoblauch fein schneiden. Basilikum grob hacken. Hühnerfilets waschen, trocken tupfen und mit Salz, Pfeffer und Paprikapulver würzen. In einer ofenfesten Pfanne von beiden Seiten in Olivenöl anbraten. Fleisch aus der Pfanne nehmen und Zwiebel sowie Knoblauch darin dünsten. Tomaten und Zucker dazugeben. Gemüse kurz aufkochen und dann 5 Minuten leicht köchelnd einkochen. Mit Salz und Pfeffer abschmecken. Sahne und die Hälfte des Basilikums dazugeben, Fleisch zurück in die Pfanne legen und die Pfanne mit aufgelegtem Deckel für ca. 25 Minuten in den Ofen geben. Vor dem Servieren das restliche Basilikum darüberstreuen.

Kabeljaufilets nach sizilianischer Art

Für 4 Portionen: 1 Schalotte • 1 EL Salzkapern • 3 EL Olivenöl • 1 Dose Tomaten in Stücken (400 g) • Salz • ½ TL Zucker • 4 Kabeljaufilets (insg. ca. 600 g, frisch oder tiefgefroren) • ½ TL frischer oder getrockneter Oregano • 2 EL entsteinte Taggiasca-Oliven

Schalotte fein schneiden, Salzkapern in kaltem Wasser wässern. Olivenöl in einer Pfanne erhitzen und die Schalotte darin anbraten. Tomaten dazugeben, ein wenig mitrösten und mit Salz sowie 1 Prise Zucker würzen. Sauce 10 Minuten lang köcheln, dann die Fischfilets einlegen, mit einem Deckel verschließen und etwa 5–8 Minuten garen. Zum Schluss Oregano, Oliven und Kapern hinzufügen und noch einige Minuten ohne Deckel dünsten.

Fleischlaibchen mit Tomatensauce

Für 4 Portionen: Majoran oder Basilikum nach Belieben • 2 große Eier • 1 Knoblauchzehe • 750 g Hackfleisch (von Rind, Kalb, Schwein oder gemischt) • 4–5 EL geriebenes Weißbrot • 3–4 EL Parmesan • Salz • etwas Weizenmehl • ausreichend Olivenöl • 1 Schalotte • 700 ml passierte Tomaten • ½ TL Zucker • einige Basilikumblätter

Basilikum bzw. Majoran fein schneiden, Eier verquirlen, Knoblauchzehe pressen. Hackfleisch mit geriebenem Weißbrot, Eiern, Parmesan, Basilikum bzw. Majoran, Knoblauch und Salz mischen. Die Masse gut kneten und zu runden oder ovalen Laibchen der gewünschten Größe formen. In Mehl wenden und in Öl schwimmend braten. Zum Abtropfen auf Küchenpapier legen. (Die Fleischlaibchen können auch in einer beschichteten Form fast ohne Öl im Ofen bei 180 °C gebraten werden.)

Schalotte fein schneiden, in einem Topf mit Olivenöl glasig andünsten, passierte Tomaten, etwas Salz, Zucker und einige Basilikumblätter beifügen und 5 Minuten kochen lassen. Anschließend die gebratenen Fleischlaibchen einlegen. Ca. 20 Minuten weiterköcheln lassen (die Sauce soll etwas eindicken) und servieren.

Brodetto di seppie

Brodetti sind Eintöpfe (auf italienischen Speisekarten werden sie als Suppen oder als Hauptspeisen angeboten), die an der gesamten Oberen Adria zu finden sind, aber von Region zu Region oder sogar von Stadt zu Stadt variieren können. In den restlichen Meeresregionen sind die *brodetti* meistens weniger dick und werden *zuppe di pesce* (Fischsuppen) genannt.

Für 4 Portionen: 1 kleine Zwiebel • Petersilie • 5–6 EL natives Olivenöl • 750 g passierte Tomaten aus der Dose • 1 Prise Zucker • 1 EL geriebenes Weißbrot • Salz und Pfeffer • 250 ml trockener Weißwein • 1,2 kg Tintenfische (fertig geputzt, in kleinen Stücken) • 1 Knoblauchzehe

Zwiebel fein schneiden, Petersilie fein hacken. Zwiebel in einem Topf auf kleiner Flamme langsam in Öl anschwitzen, passierte Tomaten und 1 Prise Zucker dazugeben, gut mischen und etwa 10 Minuten kochen lassen. Dann geriebenes Weißbrot, Salz und Pfeffer beifügen, mit Weißwein ablöschen und 10 Minuten weiterköcheln lassen. Tintenfisch, gepressten Knoblauch und Petersilie in die Sauce geben. Alles mit reichlich warmem Wasser bedecken und zugedeckt ca. 60 Minuten köcheln lassen. Mit Polenta servieren.

Polpo alla Luciana

Dieses Tintenfisch-Gericht ist einer der Inbegriffe der neapolitanischen Küche und Zeugnis für ein Neapel, das es so nicht mehr gibt. Der Name ist mit dem Borgo di Santa Lucia verbunden, einem Stadtviertel von Neapel, das sich in der Nähe von Castel dell'Ovo befindet. Dieses Viertel, eines der ältesten der Stadt, war hauptsächlich von Fischerfamilien bewohnt, die bei der Ausübung ihrer Arbeit alten Traditionen folgten. Zu diesen Traditionen gehörte der Krakenfang mithilfe der Amphorentechnik. Dieses Verfahren, das von den alten Römern entwickelt wurde und noch heute in Tunesien und Marokko angewendet wird, nutzt eine Angewohnheit der Tiere aus: Nach der Jagd suchen die Kraken einen Rückzugsort, und die Amphoren, die mit einem Seil zusammengebunden von den Fischern ins Meer geworfen werden, bieten dafür den idealen Platz. Die Tiere werden in den Amphoren hochgezogen. Diese Art des Fischens garantiert höchste Qualität beim Fang.

Für 4 Portionen: 1 Tintenfisch (insg. ca. 1,2 kg) • 1 kleiner Bund glatte Petersilie • 2–3 EL schwarze Oliven aus Gaeta • 400 g Tomaten (San Marzano oder Kirschtomaten) • 1 Knoblauchzehe • 1–2 EL Kapern • 2–3 EL natives Olivenöl • 1 getrocknete Chilischote • 125 ml trockener Weißwein • Salz und Pfeffer

Der Tintenfisch ist in der Regel bereits ausgenommen. Falls nicht, die Innereien und die Mundwerkzeuge entfernen und das Tier unter fließendem Wasser gründlich waschen. Petersilie hacken, Oliven halbieren, Tomaten vierteln, Knoblauch pressen und die Kapern gründlich mit Wasser abbrausen. Öl in einem großen, gut verschließbaren Topf erhitzen, Knoblauch und zerkrümelten Chili dazugeben und kurz andünsten. Tintenfisch einlegen und nach ein paar Minuten mit Wein ablöschen. Anschließend Tomaten, Knoblauch und drei Viertel der Petersilie dazugeben. Den Topf mit dem Deckel verschließen und alles bei niedriger Hitze köcheln. Während des Kochens ab und zu umrühren und nach 30 Minuten die Oliven und die Kapern dazugeben. Die Kochzeit hängt von der Größe des Tintenfischs ab: pro Kilogramm ca. 45–60 Minuten. Zweite Möglichkeit: Mit dem Messer in einen Fangarm stechen; wenn der

Schnitt glatt durchgeht, ist der Tintenfisch gar. Vor dem Servieren mit dem Rest der Petersilie bestreuen, Tintenfisch in Stücke schneiden und, wenn nötig, mit Salz und Pfeffer abschmecken.

Rotbarben auf Livorneser Art

Dies ist ein köstliches Hauptgericht, das sehr wahrscheinlich jüdische Ursprünge hat. Neben Venedig und Ferrara nahm Livorno viele sephardische Juden auf, die durch die Verfolgung in Spanien und Portugal zur Flucht gezwungen waren. Es gibt zwei Varianten für das Rezept, die beide schmackhaft sind: die einfachere, bei der die Rotbarben direkt in der Tomatensauce gegart werden, oder die andere, bei der der Fisch zuerst in Olivenöl gebraten und dann in Tomatensauce eingelegt wird.

Für 4 Portionen: 1 Handvoll Petersilie • 1–2 Knoblauchzehen • 8 EL natives Olivenöl • 500 g Pelati oder Tomatenstücke aus der Dose • Salz • 1 kg mittelgroße Rotbarben (4 Stück) • etwas Weizenmehl • 100 ml Weißwein • Pfeffer

Petersilie hacken. Die Knoblauchzehen im Ganzen (oder gehackt) und die Hälfte der Petersilie in 2 EL Olivenöl andünsten. Tomaten bei Bedarf klein schneiden und dazugeben, salzen und etwa 10 Minuten köcheln. Die Fische ausnehmen, schuppen, unter fließendem Wasser gut waschen und danach trocken tupfen. Fische in Mehl wenden, das überschüssige Mehl abschütteln. Restliches Olivenöl in einer Pfanne erhitzen, Fische darin ca. 3 Minuten pro Seite braten. Weißwein beifügen und nach ein paar Minuten die Tomaten-Mischung dazugeben, salzen und pfeffern, umrühren und zugedeckt etwa 10 Minuten köcheln lassen. Mit der restlichen gehackten Petersilie bestreuen und servieren.

Fried Green Tomatoes

Die Popularität dieses Rezepts außerhalb der Vereinigten Staaten verdanken wir dem Oscar-prämierten Film *Fried Green Tomatoes/Grüne Tomaten*. Der Film basiert auf dem Buch der Schriftstellerin Fannie Flagg (Originaltitel: *Fried Green Tomatoes at the Whistle Stop*), die sich vom Irondale Café in der Nähe von Birmingham, Alabama, zu ihrer Geschichte inspirieren ließ. Das Café hatte immer gebratene grüne Tomaten auf der Speisekarte, die die Autorin als Kind gerne aß. Dieses typisch amerikanische Gericht wurde früher als einer der Klassiker der amerikanischen Südstaatenküche angesehen, aber einige Historiker haben diese Vermutung widerlegt: Sie fanden das Rezept in einem Buch aus Ohio von 1873, in einem Buch aus Chicago von 1877 und in einem anderen, 1919 in New York veröffentlichten Buch über die jüdische Küche.

Für dieses Gericht sollten keine unreifen grünen Tomaten verwendet werden, sondern grüne Sorten wie zum Beispiel Green Zebra, Cherokee Green oder Green Pear, die fest und fast kernlos sind. Sie eignen sich hervorragend als Beilage für Fleisch- und Fischgerichte und mit Kräuterdressing auch als Dip.

Für 4 Portionen: 4 grüne Tomaten • Salz und Pfeffer • 1 großes Ei • 125 ml Milch oder Buttermilch • Maismehl • geriebenes Weißbrot • Weizenmehl • 1 l Erdnussöl • Meersalz

Tomaten waschen, vom Stielansatz befreien, quer in 0,5–1 cm dicke Scheiben schneiden, für einige Minuten auf Küchenpapier legen und danach mit Salz und Pfeffer würzen. Ei und Milch in einem tiefen Teller verquirlen, Maismehl und geriebenes Weißbrot in einem anderen

Teller vermengen. Tomaten von beiden Seiten mit dem Weizenmehl bestäuben, dann durch das Ei-Milch-Gemisch ziehen und gut abtropfen lassen. Anschließend die Scheiben in der Maismehl-Mischung wenden und diese gut andrücken.

Öl in einer Pfanne erhitzen, die Scheiben darin bei mittlerer Hitze von beiden Seiten braten, bis sie schön braun sind. Herausnehmen, auf Küchenpapier abtropfen lassen, mit Meersalz bestreuen.

Als Vorspeise mit einer Sauce aus Saurer Sahne und gehacktem Schnittlauch servieren.

Insalata pantesca

Bei diesem Kartoffel-Tomaten-Salat handelt es sich um ein traditionelles Rezept von der Insel Pantelleria, zubereitet mit den berühmten Kapern, die auf der Insel wachsen. Der Salat passt perfekt als Beilage zu Fleisch- und Fischgerichten, eignet sich aber auch als Hauptgericht.

Für 4 Portionen: 1 rote Zwiebel • 125 ml Rotweinessig • 500 g festkochende Kartoffeln • 2 EL Salzkapern • 500 g Ochsenherztomaten • 20 schwarze Taggiasca-Oliven • Salz und Pfeffer • Oregano und Basilikum • 4 EL natives Olivenöl

Zwiebel schälen, halbieren und in feine Streifen schneiden, diese für 30 Minuten in den Weinessig legen. Kartoffeln ungeschält in Wasser gar kochen, abgießen und schälen. Salzkapern gründlich in kaltem Wasser wässern. Kartoffeln in Scheiben und Tomaten in Würfel schneiden und beides in eine Schüssel geben. Zwiebelstreifen aus dem Essig heben und mit Salzkapern sowie Oliven zu den Tomaten und den Kartoffelscheiben geben. Mit Salz, Pfeffer, Basilikum und Oregano bestreuen und Olivenöl darübergießen.

Ratatouille

Ratatouille, ein Gemüseeintopf aus der provenzalischen und okzitanischen Küchentradition, wurde 2007 durch den Pixar-Animationsfilm weltweit noch bekannter. Das Ratatouille-Rezept aus dem Film, das von Thomas Keller, dem Chefkoch des Restaurants *The French Laundry* in Napa Valley kreiert worden war, hat die gleichen Zutaten, es wird aber anders vorbereitet. Hier die klassische Version, die viel schneller geht.

Für 4 Portionen: 2 Paprika • 1 gelbe Zucchini • 1 grüne Zucchini • 4 Flaschentomaten • 1 Aubergine • 1 Zwiebel • 1 Knoblauchzehe • Thymian • Oregano und Basilikum (frisch oder 1 TL Kräuter der Provence) • 4–5 EL Olivenöl • 2 EL Tomatenmark • Salz und Pfeffer

Paprika entkernen und würfeln, Zucchini, Tomaten und die Aubergine in grobe Würfel schneiden. Zwiebel in feine Streifen schneiden, Knoblauch und Kräuter fein hacken. Öl in einer großen Pfanne erhitzen, Zwiebel und Knoblauch 2–3 Minuten anschwitzen, dann Paprika, Aubergine und Zucchini dazugeben und 5 Minuten anbraten. Zum Schluss Tomaten und Tomatenmark hinzufügen und mit Salz, Pfeffer und Kräutern kräftig würzen. Bei mittlerer Hitze ca. 20 Minuten köcheln lassen.

Karamellisierte Tomaten

Die Tomaten aus dem Ofen sind eine perfekte Beilage zu Fleischgerichten und Gegrilltem, schmecken aber auch sehr lecker zu Pasta, als Snack zwischendurch, mit Käse auf geröstetem Toskanabrot oder mit Rucola und gehobeltem Parmesan.

Gewünschte Menge Tomaten (Cocktail- oder Kirschtomaten) • Salz • Pfeffer • Knoblauchzehen • brauner Zucker • natives Olivenöl • Thymian und Oregano nach Belieben

Backofen auf 130 °C vorheizen. Tomaten halbieren, mit der Schnittfläche nach oben auf ein mit Backpapier belegtes Backblech legen, mit Salz, Pfeffer, Thymian und Oregano würzen. Knoblauchzehen in Scheiben schneiden und auf dem Backblech verteilen. Jede Tomatenhälfte mit 1 Prise Zucker bestreuen, mit Olivenöl beträufeln und im Backofen für ca. 60 Minuten karamellisieren lassen. Während der Backzeit die Ofentür 2–3 Mal öffnen, damit der entstandene Wasserdampf entweichen kann.

Karamellisierte Tomaten warm oder kalt servieren. In saubere Gläser abgefüllt und mit Olivenöl bedeckt, kann man sie ca. 2 Wochen lang im Kühlschrank aufbewahren.

Länger haltbar macht Sterilisieren: Fertige Tomaten in saubere Gläser füllen. Alles gut mit Öl bedecken, etwas schwenken, damit die Luft entweichen kann. Gläser fest verschließen und 30 Minuten lang in kochendem Wasser sterilisieren.

FÜR ALLE FÄLLE

Sauce mit frischen Tomaten

Unendlich zahlreich sind die Varianten an Tomatensauce: mit passierten Tomaten oder mit Tomaten in Stücken, mit frischen Tomaten oder mit Tomaten aus der Dose. Diese Saucen bilden die Grundlage der italienischen Küche. Für die Sauce mit frischen Tomaten ist deren Qualität wichtig: Sie müssen immer vollreif und aromatisch sein. Folgende typische »Sommersauce« mit

Karotten und Stangensellerie kann sowohl als Grundlage zur Weiterverarbeitung verwendet als auch zu Pasta gegessen werden.

1 kg reife Tomaten • 1 mittelgroße Zwiebel • 1 mittelgroße Karotte • 1 Knoblauchzehe • 5–6 Basilikumblätter • ca. 100 g Stangensellerie • Salz • 2–3 EL natives Olivenöl

Tomaten waschen und vierteln, Stängelansätze ausschneiden. Zwiebel und Karotte waschen, schälen und in kleine Stücke schneiden. Knoblauch schälen, Basilikumblätter und Stangensellerie waschen. Alle Zutaten mit etwas Wasser in einen Topf geben und aufkochen lassen. Gelegentlich umrühren und bei mittlerer Hitze köcheln, bis das Gemüse weich ist. Mit einer Flotten Lotte alles passieren, wieder aufkochen und unter häufigem Rühren bei mäßiger Hitze eindicken lassen. Zum Schluss salzen und das Olivenöl einrühren.

Schnelle Sauce mit frischen Tomaten

1 kg reife Tomaten • 1 mittelgroße Zwiebel • 1 Knoblauchzehe • 4–5 EL natives Olivenöl • 5–6 Basilikumblätter (wahlweise auch Oregano oder Petersilie) • Salz und Pfeffer

Tomaten 30 Sekunden in kochendem Wasser blanchieren, mit kaltem Wasser abschrecken, schälen, halbieren, die Kerne entfernen und anschließend grob schneiden. Zwiebel mit der ganzen Knoblauchzehe in einer Kasserolle anschwitzen, dann Tomaten, Basilikum, Salz und Pfeffer beifügen und höchstens 10 Minuten auf großer Flamme kochen. Ist die Sauce zu flüssig, etwas länger eindicken lassen.

Sauce mit Tomaten aus der Dose

1 mittelgroße Zwiebel • 1 Knoblauchzehe • 3–4 EL natives Olivenöl • ca. 750 g passierte Tomaten • Tomatenstücke oder geschälte Tomaten aus der Dose • Salz • ½ TL Zucker • 5–6 Basilikumblätter (frisch oder tiefgefroren)

Zwiebel fein schneiden und mit der Knoblauchzehe in Öl goldgelb anschwitzen, dann Tomaten, 1 Prise Salz, Zucker und Basilikum dazugeben. Auf kleiner Flamme 20–30 Minuten köcheln lassen, bis die gewünschte Konsistenz erreicht ist, dabei gelegentlich umrühren. Zum Schluss eventuell passieren.

Pelati
Geschälte Tomaten

Eine praktische Basis, die immer zur Verfügung steht, um ein einfaches Sugo mit Basilikum, eine Pizza oder auch Nudel-, Fleisch- und Fischgerichte zuzubereiten. Als Basis dafür eignen sich San-Marzano-Tomaten, am besten aus biologischem Anbau. Das Rezept sieht keine Dosierungen vor, doch es empfiehlt sich, mehrere Kilogramm zu verarbeiten, um Vorrat für einen längeren Zeitraum zu haben.

Salz • Tomaten (San Marzano) • Basilikumblätter (falls gewünscht)

Zuerst die Einmachgläser sterilisieren. Dafür den Backofen auf 100 °C erhitzen, die sauberen Gläser auf ein Backblech stellen und 10 Minuten in den Backofen geben. Ein paar Minuten vor Ablauf der Zeit auch die Deckel einlegen. Den Ofen ausschalten und die Gläser darin abkühlen lassen.

In einem großen Topf Wasser mit etwas Salz erhitzen, inzwischen die Tomaten gut waschen, kreuzförmig einschneiden und für 3–5 Minuten ins kochende Wasser geben. Vorsichtig herausnehmen, kalt abspülen und die Haut nach dem Abkühlen entfernen. Unter Beigabe einiger Basilikumblätter die Gläser bis auf ca. 2 cm unter den Rand füllen und dabei mit einem Löffel das Weckgut nach unten drücken, sodass die Luft aus allen Zwischenräumen komplett entweicht.

Die Gläser mit den Deckeln verschließen. Um eine längere Haltbarkeit zu erzielen, die Gläser in Tücher wickeln, in einen großen Topf setzen, vollständig mit Wasser bedecken und dieses zum Kochen zu bringen. Mindestens 30 Minuten abkochen, auskühlen lassen und an einem dunklen und kühlen Ort aufbewahren. Die Pelati sind ca. 1 Jahr haltbar.

Pulver aus getrockneter Tomatenhaut

Beim Einkochen einer größeren Menge Pelati (S. 48) bleibt relativ viel Tomatenhaut übrig. Man kann sie trocknen und als Chips essen, zur Dekoration von Speisen verwenden oder den Geschmack sonnengereifter Tomaten als Pulver in einem Glas einfangen. Es handelt sich dabei um eine vielseitige und schmackhafte Zutat, die sich nicht nur zum Färben hausgemachter Pasta eignet, sondern auch viele Reis- und Pastarezepte geschmacklich abrundet, Geschnetzeltem, Brühen und Suppen eine spezielle Note verleiht und den Geschmack von Fleisch und Fisch intensiviert. Man kann die Schalen an der Sonne, im Ofen oder in einem Dörrautomaten trocknen.

Für ca. 100 g: Haut von ca. 5 kg Tomaten

Backofen auf 80 °C vorheizen. Tomatenhaut auf einem mit Backpapier belegten Backblech ausbreiten und im vorgeheizten Backofen ca. 3 Stunden trocknen lassen (die Schalen müssen wirklich trocken sein). Während des Trocknens die Schalen häufig wenden. Aus dem

Ofen nehmen und vollständig auskühlen lassen. Anschließend im Mixer zerkleinern und das Pulver in ein Glas füllen. Luftdicht verschlossen hält sich das Pulver ca. 6 Monate lang.

Tomatenmark

Ein Rezept für jene, die die Sauce zum Eindicken nicht in die Sonne stellen können.

Für 2 Gläser à 200 g: 4 kg vollreife Tomaten (San Marzano oder Perini) • 4 EL unraffiniertes Meersalz • natives Olivenöl

Tomaten waschen, vierteln, in einen Topf geben und ca. 40 Minuten bei geschlossenem Deckel unter wiederholtem Umrühren köcheln lassen. Tomaten in einem Sieb abtropfen lassen, wobei möglichst viel Flüssigkeit eliminiert werden soll. Anschließend mittels Flotter Lotte passieren. Passierte Tomaten samt Salz in einen Topf geben und auf kleiner Flamme unter ständigem Rühren ca. 60 Minuten köcheln lassen.

Backofen auf 100 °C vorheizen. Passierte Tomaten auf ein mit Backpapier ausgelegtes Blech streichen und im vorgeheizten Ofen eindicken lassen, dabei ab und zu umrühren. Es soll (nach mindestens 3 Stunden) ein dickes Konzentrat entstehen.

Inzwischen Gläser und Deckel sterilisieren, indem sie 30 Minuten in einem Topf mit Wasser abgekocht werden. Nach dem Herausnehmen gut trocknen lassen. Tomatenmark in die Gläser füllen, mit einer Schicht Olivenöl bedecken und verschließen. Gläser dann in ein Tuch hüllen und mit Wasser bedeckt in einem Topf 30 Minuten abkochen. Aus dem Wasser nehmen, abtrocknen und an einem kühlen, dunklen Ort aufbewahren. Das Tomatenmark ist ein Jahr haltbar.

Grüne Tomatenmarmelade

Bei der Zubereitung dieser ungewöhnlichen Marmelade kann man bei der Wahl der Gewürze seiner Fantasie freien Lauf lassen. Je nach Verwendungszweck – als Beilage zu mehr oder weniger reifem Käse oder gekochtem Fleisch, als Topping für einen Cheesecake oder als Brotaufstrich am Morgen – kann man dem Grundrezept wahlweise Ingwer, Chili, Zimt oder Wacholderbeeren beifügen.

Für 3 Gläser à 250 ml: 1 Bio-Zitrone • 1 kg grüne Tomaten • 600 g Zucker • etwas Ingwer (nach Belieben)

Schale der Zitrone abreiben und den Saft auspressen. Tomaten waschen, Samen entfernen und das Fruchtfleisch in Stücke schneiden. In einem Topf aus Edelstahl Zucker, Zitronensaft, Zitronenschale, Tomaten und geriebenen Ingwer einige Stunden ziehen lassen. Anschließend bei niedriger Flamme unter häufigem Rühren köcheln lassen. Wenn die Marmelade die gewünschte Konsistenz hat, in Gläser füllen, luftdicht verschließen und abkühlen lassen. An einem dunklen und kühlen Ort aufbewahren. Die Marmelade ist ca. 6 Monate haltbar.

Grünes Tomatenketchup

Grünes Tomatenketchup passt perfekt zu gegrilltem Fleisch, Hamburgern, Chicken Wings und Bratwürsten. Wer den Geschmack von Koriander nicht mag, kann ihn durch rotes Basilikum oder Thymian ersetzen.

Für ca. 350 ml: 800 g grüne Tomaten • 1 Zwiebel • 2–3 Knoblauchzehen • 1 Stück Ingwer (ca. 5–6 cm) • Salz • 1–2 scharfe, grüne Chilischoten • ½ TL grünes Currypulver • 1 Bund frischer Koriander • 2 EL Rohrzucker • 60 ml Weißweinessig

Backofen auf 180 °C vorheizen. Tomaten halbieren, Zwiebel vierteln und mit der Schnittfläche nach oben auf ein Backblech legen, ungeschälten Knoblauch und grob gehackten Ingwer dazugeben und 45 Minuten backen. Tomaten, Knoblauch (ohne Schale), Ingwer, Salz, Zwiebel, fein gehackten Chili, Currypulver und Korianderblätter mit dem Stabmixer fein pürieren. Die grüne Sauce durch ein feines Sieb in einen Topf streichen, Zucker und Essig dazugeben, gut umrühren und das Ganze bei mittlerer Hitze zu einer dicken Sauce einkochen lassen. Das Ketchup abschmecken, noch heiß in eine sterilisierte Flasche füllen und abkühlen lassen. Bereits geöffnet hält sich das Ketchup in der Regel ca. 2 Wochen im Kühlschrank.

Tomatenessig

Auch mit Tomaten kann Essig hergestellt werden. Dieser hier verfeinert jede Art von Salat, Marinade und Sauce sowie Gerichte mit Tomaten, aber auch Fleisch und Fisch.

Für ca. 500 ml: 2 Schalotten • 500 ml Weißweinessig (mindestens 5 % Säure) • 1 EL Meersalz • 1 EL Zucker • 1 Zweig Rosmarin • 2 Knoblauchzehen • 5 Pfefferkörner • 300 g Dattel- oder Kirschtomaten

Schalotten schälen, in Ringe schneiden und mit Essig, Salz, Zucker, Rosmarin, zerdrückten Knoblauchzehen und Pfefferkörnern aufkochen. Tomaten waschen, abtrocknen, halbieren, in ein steriles Glas füllen und den Essig über die Tomaten gießen. Gefäß mit einem Deckel verschließen und an einem kühlen, dunklen Ort ruhen lassen. Nach zwei Wochen den Essig durch ein feines Sieb gießen, Kräuter, Tomaten und Gewürze entsorgen. Den Essig in eine sterile Flasche füllen und gut verschließen. Vor Gebrauch gut schütteln. Der Essig hält sich ca. ein Jahr.

Pesto mit getrockneten Tomaten

Pesto mit sonnengetrockneten Tomaten und ohne Pinienkerne, hervorragend zu Pasta oder als Aufstrich auf Croûtons.

Für 6–8 Portionen: 200 g getrocknete Tomaten • etwas Weißweinessig • 1 Knoblauchzehe • 80 g Parmesan oder Pecorino • 150 ml natives Olivenöl • 15 entsteinte grüne Oliven • 15 Kapern • 40 g Basilikumblätter • 3 Sardellenfilets in Olivenöl • Salz

Tomaten mit einer Mischung aus kochendem Wasser und etwas Essig übergießen und ca. 2 Stunden quellen lassen. Dann gut abtropfen lassen und grob hacken.

Knoblauch, Tomaten, Parmesan, einen Teil des Olivenöls, Oliven und Kapern im Mixer oder mit dem Pürierstab kurz mixen. Basilikum, Sardellenfilets, Salz und den Rest des Olivenöls hinzufügen und noch einmal gut durchmixen, bis daraus ein cremiges Pesto geworden ist.

TOMATE ZUM DESSERT

Schokomousse mit karamellisierten Tomaten

Für Liebhaber von Zartbitterschokolade ist dies eine besondere Kombination, die man probieren sollte.

Für 6 Portionen: 16 karamellisierte Kirschtomaten (zubereitet wie im Rezept auf S. 45, aber ohne Knoblauch und Kräuter) • 200 g Zartbitterschokolade (70 % Kakaoanteil) • 30 g Butter • 6 große Bio-Eier • Salz • 1–2 EL Zucker • natives Olivenöl

Schokolade mit Butter über einem Wasserbad schmelzen und abkühlen lassen, bis sie lauwarm ist. Eier trennen und Eiweiß mit 1 Prise Salz steif schlagen. Eigelb mit Zucker cremig rühren, flüssige Schokolade dazugeben und gut einrühren. Eischnee vorsichtig unterrühren. Die Mousse in Gläser oder Schälchen füllen und mindestens 6 Stunden kalt stellen. Mit lauwarmen karamellisierten Tomaten servieren.

Tomaten-Minze-Sorbet

Dieses Sorbet eignet sich perfekt als Dessert, zum Beispiel mit Ahornsirup und griechischem Joghurt oder einfach als kleiner Zwischengang.

Wird es mit Basilikum anstelle von Minze zubereitet, passt es perfekt zu Caprese mit Büffelmozzarella.

Für 4 Portionen: 3 Dosen geschälte Tomaten (à 400 g) • ½ Bund Minze • 3 EL Wodka • 3 EL Agavendicksaft • 1–2 TL Limettensaft • ¼ TL rosa Pfefferbeeren • 1 Stück Ingwer (ca. 20 g) • Salz und Pfeffer

Tomaten in einem Sieb abtropfen lassen, dann einschneiden, Kerne und Flüssigkeit ausdrücken, die Stielansätze entfernen und nochmals abtropfen lassen. Am Ende sollte man ca. 500 g Tomatenfruchtfleisch erhalten.

Minze grob hacken (einige Blätter beiseitelegen) und zusammen mit Tomaten, Wodka, Agavendicksaft, Limettensaft und geriebenem Ingwer glatt pürieren. Mit Salz und Pfeffer würzen. Die Mischung für etwa 30–40 Min. in der Eismaschine gefrieren lassen und anschließend für mindestens 1 Stunde ins Gefrierfach stellen.

Falls keine Eismaschine vorhanden ist: Masse in eine Metallschüssel füllen, mit Folie abdecken und in den Tiefkühler stellen. Nach etwa 2 Stunden umrühren und dies alle 30 Minuten wiederholen, bis sich ein feinkristallines Sorbet gebildet hat (dauert mindestens 3 Stunden). Mit einem Löffel oder Eis-Portionierer Kugeln formen, in gekühlten Gläsern anrichten und mit Minzeblättchen dekorieren.

TOMATE, FLÜSSIG

Sangrita

Der authentische Sangrita, der aus der Region um den Chapala-See in Jalisco stammt, wird mit Sevilla-Orangen-, Limetten- und Granatapfelsaft sowie Chilipulver oder scharfer Sauce zubereitet. Es gibt auch viele Varianten – die bekannteste davon ist sicherlich die mit Tomate. Er ist eine Zutat für die Zubereitung von Cocktails und Longdrinks, aber die beste Kombination ist die mit Tequila.

Für 2 Portionen: 60 g Zwiebel • 35 ml Zitronensaft • 250 ml Tomatensaft • paar Tropfen Tabasco (rot) • 2 Msp. Worcestershire-Sauce • 80 ml Blutorangensaft • Salz und Pfeffer

Zwiebel hacken und mit Zitronen- sowie Tomatensaft, Tabasco und Worcestershire-Sauce in einem Mixer fein pürieren. Blutorangensaft hinzugeben und alles nochmals pürieren. Das Getränk durch ein Sieb seihen, um die Reste der Zwiebel zu entfernen. Mit Salz und Pfeffer abschmecken, umrühren und kosten. Vor dem Servieren für 2 Stunden in den Kühlschrank stellen.

Vampiro-Cocktail

In Mexiko ist das Dorf San Luis Soyatlán am Südufer des Chapala-Sees der Geburtsort des Vampiro, eines köstlichen Tequila-Cocktails. Sein Erfinder, Oscar Hernández, gibt an, das Getränk vor fast 40 Jahren während seiner täglichen Schicht als Marktverkäufer kreiert zu haben. Der echte Vampiro – so genannt wegen seiner Farbe, die an Blut erinnert – wird mit Tequila, Eis, Limettensaft, frisch gepresstem Orangensaft und Sangrita hergestellt.

Für 2 Portionen: 1 Limette und Salz für die Gläser • Saft einer Limette oder Zitrone • 120 ml Tequila • 240 ml Sangrita (siehe S. 55) • Eiswürfel • 2 Scheiben getrocknete Blutorange zum Dekorieren

Äußeren Rand der Gläser mit einer Limette anfeuchten und anschließend in einen Teller Salz drücken, sodass ein Rand entsteht. Übrige Zutaten mit Eiswürfeln in einen Cocktailshaker gießen und etwa 30 Sekunden lang kräftig shaken. Den Vampiro-Cocktail ins vorbereitete Glas abseihen und mit Blutorange garniert servieren.

Michelada

Michelada, auch als *cerveza preparada* bekannt, weil der alkoholische Teil aus Bier besteht, ist ein weiterer mexikanischer Cocktail mit Tomaten. Ursprünglich wurde er wahrscheinlich als Katergetränk ohne Alkohol zubereitet, aber er ist heute weltweit als alkoholisches Getränk bekannt, das als Aperitif oder Digestif getrunken wird. Michelada wird meist in einem hohen Bierglas oder einem Henkelglas und Salzrand serviert und ist sehr einfach zuzubereiten.

Die Originalversion verwendet Clamatojuice, einen Tomatensaft mit pulverisierter Venusmuschel, der in Europa nur schwer zu bekommen ist. Dem Tomatensaft können ersatzweise ein paar Tropfen Fischsauce zugefügt werden.

Für 2 Portionen: Salz und Chilipulver (nicht zu fein gemahlen) • 2 kühle mexikanische Biere (Sol oder Corona) • Saft einer Limette • 300 ml eiskalter Tomatensaft • 2 TL Worcestershire-Sauce • 6 Tropfen Tabasco (oder eine andere scharfe Sauce)

Etwas Salz und Chilipulver auf einen kleinen Teller geben und mischen. Glasrand in Limettensaft tauchen und anschließend in die Salz-Chili-Mischung drücken. Restlichen Limettensaft, Tomatensaft, Worcestershire-Sauce und Tabasco im Glas mischen. Bier in das Glas gießen und gut umrühren. Nach Belieben noch einige Eiswürfel hinzufügen.

LITERATUR

Adelheid Coirazza, Tomaten: 244 Sorten für Garten, Balkon und Küche, Witte: Formosa Verlag 2018

David Gentilcore, Pomodoro! A History of the Tomato in Italy, New York: Columbia University Press 2010

Annemieke Hendricks, Tomaten: Die wahre Identität unseres Frischgemüses. Eine Reportage, Berlin- Brandenburg: be bra Verlag 2017

Jean-Baptiste Malet, Das Tomatenimperium: Ein Lieblingsprodukt erklärt den globalen Kapitalismus, Köln: Eichborn 2018

Massimo Montanari, Spaghetti al pomodoro: Kurze Geschichte eines Mythos, Berlin: Wagenbach 2020

Karen Schulz, Klaus Arras, Das Tomatenbuch: Verführerische Rezepte, Hamburg: Edel 2010

Andreas Sprecher/Markus Dlouhy, Das große Buch der Tomaten, Lenzburg: Fona Verlag 2010

DIE AUTORIN

Tatiana Y. Silla wurde 1968 in Triest geboren, wo sie Philosophie studierte. Sie lebt zwischen Turin und Wien und beschäftigt sich mit der Geschichte der Gastronomie, insbesondere in ihrer Heimatregion Friaul-Julisch Venetien und Triest. Sie ist Übersetzerin und Herausgeberin (Bücher von Jacques Derrida, Placide Tempels und Wilhelm Speyer) sowie freie Forscherin im Centro Interdipartimentale di Ricerca sulla Comunicazione (CIRCE) an der Università Turin. Bei Mandelbaum erschienen von ihr das Triestiner Kulinarium, Basilikum, Feige, Salbei und Zucchini.

DANKSAGUNG

Mein Dank gilt Michael Baiculescu, Irmi Kanwar für ihre wertvolle linguistische Hilfe und der Lektorin Inge Fasan. Ich möchte mich auch bei Sarina Reina, Giovanni Leghissa, Ettore De Franco, Klaus Neundlinger, Kurt Freimüller, Agnes Wagenhofer, Stefano Demichelis, Friederike Grünauer, Nicoletta de Biasi und Radu Tanasescu bedanken, die mich auf vielfältige Weise während der Pandemiezeit unterstützt haben. Schließlich möchte ich Rico Reitz für seine Ratschläge danken, die eines Küchenchefs würdig sind. Ich widme ihm dieses Buch und die Verse von Fernando Pessoa mit tiefer Zuneigung – in Erinnerung an die Zeit in München, die wir gemeinsam beim Kochen und Lachen verbracht haben.

»Sosehr wir auch ablegen, was wir tragen, wir gelangen nie zur Nacktheit, denn die Nacktheit ist ein Phänomen der Seele und nicht des Kleiderablegens.«

REZEPTVERZEICHNIS

Mangold
Margot Fischer
Pistazie
Rita Henss
Melanzane
Aubergine
Dattel
Walter M. Weiss
mandelbaums kleine gourmandise
Avocado
Kathrin Konrad
mandelbaums kleine gourmandise
Orange
Daniela von Pfeil
Fenchel
mandelbaums kleine gourmandise
Zimt
Rita Henss
mandelbaums kleine gourmandise
Erdnuss
Rita Henss
mandelbaums kleine gourmandise
Sellerie
Roland Tauber
mandelbaums kleine gourmandise
Steinpilz
Inge Fasan
mandelbaums kleine gourmandise
Mandel
mandelbaums kleine gourmandise
Karotte
Möhre
Eva Derndorfer
Inge Fasan
mandelbaums kleine gourmandise
Mohn
Rita Henss
Kakao
Gurke

Speierling
Herbst 2024

Artischocke
Vanille
Eva Derndorfer
Basilikum
Thymian
Margot Fischer
mandelbaums kleine gourmandisen
Zwiebel
Quitte
Zucchini
Marone
Esskastanie
Feige
Walnuss
Morchel
Simon Drabosenig
Günter Mischkulnig
Rote Rübe
Rote Bete
Rhabarber
Tomate
Tatiana Y. Silla
Sesam
Petra Kolip
Heidelbeere
Margot Fischer

kleine Merkliste:

Ich habe folgende Bücher verschenkt	an

Himbeere
Herbst 2024

Weizen
Herbst 2024

Knoblauch

Linsen

Trüffel

Senf

Zwetschge

Ingwer

mandelbaums kleine gourmandisen
Safran
mandelbaums kleine gourmandisen
Weichsel
Sauerkirsche
Margot Fischer
mandelbaums kleine gourmandisen
Zitrone
Bruno Ciccaglione
Holunder
Margot Fischer
mandelbaums kleine gourmandisen
Birne
Sonja Schnögl
mandelbaums kleine gourmandisen
Erbse
Eva Derndorfer
Granatapfel
mandelbaums kleine gourmandisen
Banane
Margot Fischer